I0474743

Comment économiser ?

Se désendetter rapidement, faire des économies et prendre le contrôle de ses finances

Julie Cellier

Table des matières

Introduction

Je vous remercie d'avoir acheté ce livre. J'espère sincèrement que vous l'apprécierez et que vous en ferez le meilleur usage. Vous avez pris conscience de l'impérieuse nécessité d'épargner et vous avez décidé de passer à l'action. Je vous en félicite et je vous encourage vivement à poursuivre en ce sens. Je souhaite que ce livre soit le premier pas vers plus d'aisance financière pour vous et votre famille et qu'il vous aide au final à vivre mieux et avec plus de sérénité.

De nombreuses personnes ne parviennent pas à épargner, ou pire, s'endettent en souscrivant des crédits à la consommation. Selon une récente étude Franfinance et CSA, 53% des français ont déjà contracté un prêt à la consommation. Par ailleurs, les personnes en difficulté financière ne sont pas forcément celles que l'on croit. Statistiquement 2% touchent le revenu de solidarité active (RSA) et 11% gagnent plus de 3500 euros par mois… Elles ont pourtant un point commun : la difficulté à se constituer un matelas de sécurité pour faire face aux coups durs et aux aléas de la vie comme la perte d'un emploi, des travaux dans son logement ou la réparation de son véhicule. Alors, est-il vraiment impossible d'épargner ? Comment expliquez-vous qu'à salaire égal et situation familiale égale certains s'en sortent très bien alors que d'autres vont finir systématiquement le mois dans le rouge ?

Ce livre ne consiste pas à vous donner banalement deux ou trois recettes ou astuces pour dépenser moins, telles que faire vos courses chez un discounter plutôt que dans votre supermarché habituel, en espérant du coup qu'il vous restera peut-être de quoi mettre un peu de coté à la fin du mois. Pourquoi ? Tout simplement parce qu'épargner est plus complexe que cela. C'est en fait un processus que vous devez appréhender et un état d'esprit que vous devez adopter. Il y a en effet une logique, des mécanismes et des objectifs derrière ce que l'on appelle l'épargne. Et vous devez comprendre le concept dans son ensemble, savoir pourquoi vous souhaitez épargner et mettre en place un plan sérieux pour y arriver. Avancer, c'est bien. Mais si vous ne savez pas où vous allez, cela ne sert à rien.

Ainsi, nous verrons, pour commencer, les raisons pour lesquelles il faut épargner puis, la manière dont il faut procéder. Nous passerons en revue de multiples astuces pratiques dans tous les thèmes de la vie pour épargner au mieux. Ensuite nous aborderons le sujet du crédit, des dettes et surtout la nécessité absolue de s'en débarrasser. Puis nous verrons comment préparer au mieux l'achat d'une nouvelle voiture. Enfin nous traiterons de l'épineux sujet de la retraite et nous verrons comment s'y préparer au mieux. C'est peut-être loin pour vous, mais vous ne regretterez pas plus tard d'y avoir pensé. Et nous verrons, entre autres, au fil de cet ouvrage comment définir vos objectifs, élaborer un plan, les stratégies à adopter pour réussir à épargner de manière régulière et ainsi améliorer vos finances.

Vous êtes prêt ? Alors, c'est parti !

1 Dans quel but économiser ?

Épargner de l'argent, améliorer votre vie financière, bâtir votre patrimoine. Tout commence lorsque vous vous fixez un objectif et que vous établissez un plan pour l'atteindre. Vous connaissez votre point de départ, c'est votre situation actuelle. En vous fixant un objectif, ce point à viser, vous saurez garder le cap, rester concentré sur le but à atteindre. Alors, quel est votre objectif ? Mettre en place une épargne d'urgence en espèces ? Préparer l'achat d'une nouvelle voiture ? Constituer un apport pour l'achat d'une maison ? Mettre de l'argent de côté pour payer les études de vos enfants ? Ou bien préparer votre retraite ?

Vous devez vous fixer un objectif. C'est primordial. Trouver un but pour lequel épargner. Nous allons voir sans plus attendre les différentes possibilités qui s'offrent à vous, à commencer par la plus essentielle : l'épargne d'urgence.

1.1 Épargner pour les situations d'urgence

Statistiquement, pour près d'un quart des épargnants, le premier objectif de création de richesse est la constitution d'une épargne d'urgence. Et, le moins que l'on puisse dire, c'est que c'est une excellente idée. La recherche montre que les familles à faible revenu disposant d'une épargne d'urgence d'au moins 500 € sont moins sujettes au risque de surendettement que les familles disposant d'un montant plus faible. Pourtant, la plupart des Français n'ont pas assez d'économies pour faire face à une urgence imprévue.

Qu'est-ce qu'une épargne d'urgence ?

On peut également l'appeler épargne de sécurité ou épargne de précaution.

Une épargne d'urgence doit être d'au moins 500 € - c'est vraiment le strict minimum - et se trouve sur un compte d'épargne auquel vous n'avez pas facilement accès pour faire directement des paiements. Elle ne se trouve donc pas sur votre compte courant, encore appelé compte chèque. Idéalement, le montant d'une épargne d'urgence doit être bien plus élevé afin de vous mettre en sécurité et doit représenter six mois de salaire. Bien évidemment, il s'agit d'une moyenne. Si vous gagnez 1 000 ou 6 000 euros par mois, l'épargne d'urgence ne sera pas la même. Les personnes en bas de fourchette, c'est-à-dire gagnant entre 1 000 et

1 300 euros par mois devraient économiser davantage que six mois de salaire tandis que les personnes aux hauts revenus, c'est-à-dire ceux gagnant plus de 4 000 euros par mois, peuvent se contenter de trois mois de salaire épargnés.

Pourquoi devriez-vous commencer à constituer une épargne d'urgence ?

La constitution d'une épargne d'urgence est primordiale car c'est elle qui va faire la différence entre ceux qui parviennent à se maintenir à flot et ceux qui s'endettent ! Retenez-bien cela. Le fait de ne pas avoir d'épargne d'urgence est l'une des raisons pour laquelle de nombreuses personnes empruntent trop d'argent, ont recours à des prêts à coûts élevés ou augmentent le plafond de leur carte de crédit, parfois appelé réserve de crédit renouvelable ou réserve d'argent, à des niveaux élevés.

Par ailleurs, celle-ci vous procurera également la tranquillité d'esprit de savoir que vous pouvez vous permettre de payer des dépenses inattendues. Le fait de conserver entre 500 € et 1 000 € d'économies en cas d'urgence peut vous permettre de relever facilement des défis financiers imprévus, comme réparer les freins de votre voiture ou remplacer une vitre brisée dans votre maison.

Nous verrons un peu plus loin, au cours du chapitre 2.1.3, comment procéder dans la pratique. Et d'une manière plus générale nous verrons au chapitre 2 et 3 la façon d'économiser de l'argent et où trouver l'argent à épargner.

1.2 Épargner pour financer les études de vos enfants

Dire que les études supérieures sont chères ne surprendra aujourd'hui personne. Mais les chiffres publiés récemment dans une enquête CSA Research pour la société Cofidis dévoilent le budget considérable alloué par les ménages à l'éducation de leurs enfants.

Premier chiffre que révèle cette étude : le budget global consacré par les familles françaises aux études supérieures est de 7 118 euros en moyenne par an et par enfant. Un montant qui inclut toutes les dépenses, directes et connexes (frais de scolarité, de logement, d'alimentation, de transport, etc.). Sans surprise, le choix de filières sélectives, comme les écoles de commerce (10 735 euros) et d'ingénieurs (9 733 euros), coûte nettement plus cher que celui de cycles courts et professionnalisant comme le BTS (6 870 euros) ou encore de l'université (6 473 euros).

Un véritable choix d'investissement, donc, pour les parents des élèves souhaitant poursuivre leurs études après le bac. Cela conduirait huit familles sur dix à « anticiper les dépenses liées aux études, dont la moitié dès l'année de seconde », souligne Céline François, directrice marketing de Cofidis qui estime « qu'une famille sur deux doit faire des arbitrages financiers et reporter certains projets, notamment dans les foyers ayant des contraintes budgétaires ». Ces foyers sous « contrainte » sont effectivement obligés de trouver comment boucler leur « budget étudiant ». Si 87% des parents interrogés par CSA disent « utiliser leur épargne » pour financer les études supérieures de leurs enfants, 24% d'entre eux comptent sur les revenus du « job d'étudiant » que devra trouver leur enfant et « 10% souscrivent un crédit à la consommation », d'où l'intérêt d'une telle étude de marché pour Cofidis, vous l'aurez compris.

Épargner pour les études est donc, sans surprise, le deuxième objectif le plus populaire, après l'épargne d'urgence, que les épargnants choisissent lorsqu'ils s'engagent à épargner. Et c'est une chose à laquelle vous devez penser si vous avez des enfants en la prenant en compte suffisamment tôt de manière à éviter de vous trouver dans l'obligation de souscrire un crédit à la consommation avec paiement des intérêts à la clé le moment venu. Vous éviterez aussi à vos enfants le contraignant « job d'étudiant » qui n'est vraiment pas la solution idéale quand on souhaite réussir ses études.

1.3   Epargner pour ne plus avoir à s'endetter

C'est le troisième objectif choisi par les épargnants.

Comme nous le verrons plus en détail au chapitre 4, dans la majeure partie des cas, la dette est néfaste. En fait, la seule et l'unique bonne dette est le crédit immobilier car il permet l'acquisition d'un actif immobilier. Dans tous les autres cas, c'est-à-dire les dépenses en produits et services, il faut absolument éviter de s'endetter et donc, au contraire, payer comptant. On évite ainsi un cercle vicieux car le crédit appelle le crédit :

avec lui, tout paraît facile, mais ne vous y trompez pas, c'est à votre détriment !

Le fait de disposer d'épargne vous permettra de faire face aux imprévus, c'est le cas de l'épargne d'urgence dont nous avons déjà parlé, mais aussi d'équiper votre maison en meubles et électroménager, de changer de voiture, de financer vos vacances, de prendre soin de vos enfants (etc…) sans avoir recours au crédit. L'épargne est donc un rempart contre l'endettement !

1.4 Épargner pour la retraite

Deux rapports, l'un réalisé par la Cour des Comptes, l'autre par le Conseil d'orientation des retraites (COR), ont dressé un tableau alarmant des régimes de retraite complémentaire. Les déficits vont de record en record. Ceci s'explique par le départ en retraite des générations du baby-boom et l'allongement de l'espérance de vie. Aussi on est en droit de se demander quel sera l'avenir de notre système de retraite.

Les sociétés sont structurées par des mouvements sociaux visant à réduire les inégalités. Le XIXème fut marqué par la lutte des classes. Le XXème fut celui de la lutte pour l'égalité entre les sexes. Le XXIème siècle sera celui d'un conflit de générations entre, d'un côté, les baby-boomers, et d'un autre, la génération X et les «millennials», deux générations post baby-boom. En effet ces derniers devront financer la retraite de leurs ainés sans aucune garantie qu'on financera la leur.

L'épargne-retraite est donc devenue une priorité absolue pour de nombreux épargnants. Épargner maintenant en vue de la retraite vous assurera d'avoir suffisamment d'argent pour jouir d'un niveau de vie confortable lorsque vous cesserez de travailler ou que vous réduirez le nombre d'heures travaillées.

1.5 Epargner pour préparer l'achat d'une voiture

Le fait de pouvoir vous déplacer en voiture peut vous aider à gagner plus en vous permettant l'accès à un travail plus rémunérateur. Cela peut aussi être une façon de dépenser moins dans la mesure où vous pourrez vous loger pour moins cher en vous éloignant des centres villes où les prix des logements restent élevés. Les voitures, cependant, sont relativement chères à l'achat et à l'entretien. Les ménages français dépensent, en moyenne, plus de 6 000 € par an pour l'achat et l'entretien d'une voiture. Et le budget automobile des Français s'alourdit d'année en année. Selon une enquête annuelle de l'Automobile Club Association (ACA), les Français ont consacré un budget moyen de 6 063 euros à leur véhicule en 2018 pour 8638 kilomètres parcourus. Ce budget annuel moyen - qui prend pour référence la facture d'un conducteur d'une Renault Clio essence - comprend de nombreux frais : la valeur de la reprise du véhicule, l'assurance, le carburant, l'entretien, le garage ou encore le péage. A titre de comparaison, toujours selon la même étude, le budget total de la Peugeot 308 diesel atteint 8 587 € exactement pour 16 132 km parcourus. Et qu'en est-il des véhicules hybrides me direz-vous ? Sachez que le budget total annuel de la Toyota Prius hybride atteint 9 906 € pour 16 132 km parcourus…

Bref, vous l'aurez compris, l'achat d'une voiture n'est pas anodin. Le prix d'achat est élevé et il y a de nombreuses dépenses liées au fait de détenir un véhicule. Toutefois, il est possible de réduire la note en prenant des décisions d'achat judicieuses. Nous verrons cela en détail au chapitre 5, entièrement consacré à l'achat d'une voiture.

1.6 Épargner pour préparer un achat immobilier

Pourquoi l'accession à la propriété est-elle une bonne chose ?

Pendant des décennies, l'accession à la propriété a été la principale voie vers la richesse pour la plupart des Français. Aujourd'hui, la valeur nette d'une maison - la valeur marchande d'une maison moins le solde des prêts immobiliers - représente plus des quatre cinquièmes de la richesse d'une famille type. Ainsi, chaque paiement de prêt immobilier aide non seulement à rembourser le capital et les intérêts de votre maison, mais aussi à bâtir votre patrimoine.

Comment l'accession à la propriété augmente-t-elle le patrimoine des propriétaires-occupants ?

Premièrement, en remboursant simplement votre prêt immobilier, vous vous constituez un patrimoine. Et vous le faites chaque mois de façon régulière et disciplinée.

Deuxièmement, il est probable, mais pas certain, que la valeur marchande de votre maison augmentera avec le temps. À l'échelle nationale, pendant plusieurs décennies, les prix des maisons ont augmenté, en moyenne, de quatre pour cent par année, bien que la crise de 2008, dite « crise des subprimes », nous ait rappelé qu'ils peuvent fluctuer à la hausse comme à la baisse.

1.7 Épargne-placement

De plus en plus de gens choisissent l'épargne-placement comme objectif d'épargne. Faire des placements peut être un moyen plus rapide de se constituer un patrimoine au fil du temps que d'utiliser un compte d'épargne, mais comporte aussi des risques. Il est donc important de s'informer.

Avant de commencer à comparer les options de placement, renseignez-vous sur certains éléments de base comme le choix des supports d'investissement, la diversification et votre tolérance au risque, qui vous aideront à faire votre choix.

Selon l'AMF, l'autorité des marchés financiers, les actions, les obligations, les fonds en euros et les fonds communs de placement sont les types de placements les plus courants.

Sachez que le placement en assurance-vie présente de nombreux atouts. Vous pouvez placer votre argent sur des fonds en euros, ce sont des fonds garantis et sans risque qui investissent dans des obligations d'Etat. Tout se passe comme si vous prêtiez de l'argent à des Etats et que l'on vous verse un intérêt en retour. Le taux d'intérêt servi est supérieur à un compte épargne. Cependant, vous ne pourrez pas avoir accès à votre épargne de façon rapide et immédiate comme cela est le cas pour un compte d'épargne bancaire. D'autres supports s'offrent également à vous comme les fonds communs de placement. Ces fonds sont en général investis sur différents supports comme les obligations d'Etat ou d'entreprises et les actions. Si vous ne souhaitez pas vous occuper vous-même du choix des fonds communs de placement sur lesquels investir, il existe des fonds à profil, prudents, équilibrés et dynamiques qui le font pour vous. Nous aborderons un peu plus en détail ce sujet, dans le chapitre sur la préparation à la retraite. Car qui dit retraite, dit placement à long terme. Cependant, il y a, vous l'imaginez sans doute, beaucoup à dire sur les placements financiers et cela n'est pas le but premier de cet ouvrage qui rappelons-le a pour objectif de vous aider à épargner, c'est-à-dire à trouver les ressources en vous et financières pour amasser du capital.

Ceci étant dit, il faut, si vous voulez faire des placements, savoir être vigilant et se protéger contre les pièges de l'investissement, en particulier les frais et la fraude.

Les frais.

Pour tirer le meilleur parti de l'argent que vous investissez, il est important de comprendre l'impact des frais. Plus vous payez de frais, plus le rendement de votre investissement est faible. En ce qui concerne l'assurance-vie, sachez qu'il y a des frais d'entrée sur les sommes que vous versez, des frais de gestion ponctionnés chaque année et des frais de sortie sur l'argent que vous retirez. Ces frais dans les contrats d'assurance-vie commercialisés par les banques ayant pignon sur rue sont d'environ 4 à 5% pour les frais d'entrée et les frais de sortie et d'environ 2% pour les frais de gestion annuels. Vous trouverez presque toujours des meilleurs tarifs sur les contrats proposés en ligne (sur internet). Il n'y a en général aucun frais d'entrée et de sortie et les frais de gestion sont particulièrement doux, de l'ordre de 0.7%. Renseignez-vous donc bien avant de souscrire à tel ou tel placement.

La fraude.

Malheureusement, la fraude en matière d'investissement, comme les combines à la Ponzi et les escroqueries diverses, font partie de la vie courante. Il se peut que vous tombiez sur des offres de placement frauduleuses au fur et à mesure que vous étudiez les options qui s'offrent à vous. D'une manière générale, méfiez-vous des offres trop alléchantes que vous pourriez recevoir par mail sans avoir jamais rien demandé et les bandeaux de pubs sur internet. A ce titre, évitez impérativement les placements dans les options binaires et les diamants proposés sur internet. Ce sont de véritables arnaques. L'AMF publie par ailleurs une liste, régulièrement mise à jour, de tous les courtiers frauduleux souvent basés dans des paradis fiscaux et que vous devez absolument éviter.

Ce premier chapitre sur la définition d'un but pour lequel épargner prend fin. Vous avez choisi votre objectif ? C'est une bonne chose. A présent nous allons voir dans le chapitre suivant comment économiser.

2 Comment économiser de l'argent ?

Ceux qui ont les connaissances requises et un plan d'attaque ont bien plus de chance de réussir à épargner que les autres. Et c'est précisément ce que nous allons aborder à présent. Dans ce chapitre, nous allons mettre en lumière les six grands principes que vous devez connaître en matière d'épargne. Ce sont des éléments essentiels. Par la suite, nous verrons comment créer un budget pour gérer au mieux toutes vos dépenses. L'idée est de comprendre les mécanismes de l'épargne et d'y associer une création de budget.

2.1 Les six grands principes de l'épargne

Vous ne savez pas par quel bout commencer ? Je vous propose de découvrir les éléments fondamentaux, la colonne vertébrale de toute stratégie d'épargne digne de ce nom. Il vous faut absolument vous les approprier, les garder constamment à l'esprit et les mettre en application. Voyons donc ensemble, sans plus tarder, quels sont ces six grands principes.

2.1.1 Se payer en premier

Ne faites pas comme les autres !

Après avoir perçu leur salaire, la majeure partie des gens payent leurs impôts, leur mensualité de crédit, leurs factures, et toutes les dépenses quotidiennes, relatives à l'alimentation, l'habillement, les sorties et restaurant, etc… Puis une fois arrivés à la fin du mois, ils se rendent compte qu'il n'y a plus rien sur le compte courant ou si peu à épargner. Ne faites pas comme eux ! Vous devez procéder différemment.

La bonne stratégie consiste à vous payer en premier. J'entends par là, que la première action que vous devez faire après avoir perçu votre salaire est d'épargner une partie de celui-ci en la plaçant sur un compte épargne distinct de votre compte chèque. Ainsi vous constituerez une épargne forcée car vous devrez vous débrouiller pour vivre le mois et payer tout ce que vous avez à payer avec ce qu'il restera sur votre compte chèque. Alors certes, cela vous obligera peut-être à restreindre vos dépenses sur certains postes mais au moins vous ne vous retrouverez pas dans la situation décrite plus haut avec rien à épargner en fin de mois. Retenez bien cela. En résumé, pour bien finir le mois, il faut d'abord bien le commencer. Et pour cela il faut vous payer en premier et donc épargner en début de mois !

2.1.2   Epargner automatiquement

La façon la plus simple et la plus efficace d'épargner est d'épargner automatiquement. Vous n'aurez, en effet, pas à y penser et vous ne risquez donc pas d'oublier. Votre épargne va se constituer naturellement sans que vous ayez à intervenir chaque mois.

Comment épargner automatiquement ?

La seule chose à faire est de prendre la décision d'économiser automatiquement. Cela consiste à demander à votre banquier de mettre en place un virement automatique. Chaque mois, votre banque transfèrera ainsi un montant fixe de votre compte chèque vers un compte d'épargne. Il est primordial d'utiliser un compte d'épargne distinct de votre compte chèque car l'argent que vous ne verrez pas ne vous manquera pas !

A quel jour du mois dois-je programmer ce virement automatique ?

Pour décider à quel jour doit se faire le virement, rappelez-vous du premier des six grands principes que nous venons d'énoncer, celui qui consiste à vous payer en premier. Demandez à votre banquier de programmer le virement automatique après chaque versement de salaire. Si, par exemple, votre salaire tombe rigoureusement à la fin de chaque mois, choisissez le 1er du mois suivant pour le virement automatique. En le programmant sitôt le salaire versé, on combine ainsi deux principes, celui de se payer en premier et celui d'épargner automatiquement.

Combien épargner ?

Il est conseillé d'épargner 10% de vos revenus. Si cela vous semble difficile au début, commencez avec moins mais gardez ce nombre en tête. C'est l'objectif chiffré à atteindre. Bien entendu, rien ne vous empêche de faire mieux. Bien au contraire !

Pourquoi l'épargne automatique fonctionne ?

Avec le temps, ces dépôts automatiques vont s'accumuler. L'accumulation de 50 euros par mois tous les mois, finiront par représenter la somme de 600 euros à la fin de l'année, puis 3 000 euros au bout de cinq ans, sans compter les intérêts composés qui viendront se rajouter à cette somme. Rapidement, vous serez en mesure de couvrir de nombreuses dépenses imprévues sans avoir à utiliser votre carte de crédit ou à contracter un crédit à la consommation dont le coût est élevé.

Je n'ai pas assez d'argent pour épargner.

Mais si même 50 euros, c'est trop, épargnez la monnaie que vous récupérez lors de vos achats. Si chaque jour vous mettez une partie ou la totalité de la petite monnaie que vous avez dans votre poche ou votre sac à main dans un pot, et que vous ne la dépensez pas, vous constaterez qu'en une année vous accumulerez probablement plus de 100 €. Le simple fait d'économiser de la monnaie saura vous persuader que vous êtes capable d'épargner. Et lorsque vous en serez convaincu, vous pourrez mettre en place l'épargne automatique afin de constituer une épargne d'urgence ou d'épargner pour d'autres objectifs.

Tout le monde a la capacité d'épargner. Soyez-en convaincu. Avec le temps, vos dépôts s'accumuleront. Même de petits montants d'épargne peuvent représenter une somme importante avec le temps

Bref, l'épargne automatique est vraiment idéale et vous devez la mettre en place sans plus tarder.

2.1.3   Constituer une épargne d'urgence

Comme nous l'avons vu au chapitre 1.1, l'intérêt d'avoir une épargne d'urgence n'est plus à démontrer. Je vous rappelle que c'est elle qui va faire la différence entre ceux qui parviennent à se maintenir à flot et ceux qui sombrent financièrement. Elle possède deux atouts : elle vous permettra de faire face aux imprévus et vous évitera de vous endetter précisément dans ces situations-là. C'est la raison pour laquelle la constitution d'une épargne d'urgence est à la fois un but d'épargne et un grand principe d'épargne.

Comment faire pour vous constituer votre épargne d'urgence ?
La façon la plus simple et la plus efficace d'épargner est d'épargner de manière automatique comme nous venons de le voir. Il

est bien plus efficace d'avoir un système qui travaille pour vous plutôt que de devoir intervenir manuellement chaque mois, soyez-en convaincu.

Où conserver votre épargne d'urgence ?

Il est habituellement préférable de conserver l'épargne d'urgence sur un compte d'épargne d'une banque. Ce compte, ne permet pas de faire directement des paiements pour régler des achats, toutefois il offre, en cas de coup dur, un accès plus facile à votre argent que les placements en parts sociales des banques mutualistes, les comptes à terme, les fonds en euros des assurances-vies ou les fonds communs de placement. De plus, en gardant votre argent sur un compte d'épargne, il est beaucoup moins probable que vous utiliserez ces économies pour payer les dépenses quotidiennes non urgentes. Hors de la vue, hors de l'esprit. C'est pourquoi c'est généralement une erreur de garder votre épargne d'urgence sur un compte chèque ! Par ailleurs, contrairement à ce dernier, le compte épargne est rémunéré. Vous toucherez chaque année un intérêt sur les sommes déposées. En général, le taux est faible. Cependant c'est un placement sans risque et le but d'une épargne d'urgence n'est pas de réaliser un placement financier qui rapporte un maximum mais bel et bien de pouvoir vous sortir d'affaire en cas d'imprévu !

Les banques proposent de nombreux comptes d'épargne. On peut citer le livret A, le livret de développement durable et solidaire (LDDS), le livret d'épargne populaire (LEP), le livret jeune, etc… Les taux de rémunération et les plafonds de versement varient. Cependant les différences restent souvent négligeables. Nous ne rentrerons pas ici dans ces détails pour la simple raison que ces livrets sont réglementés par l'Etat et que les taux de rémunération et plafonds de versement font l'objet de changements réguliers. Gardez cependant à l'esprit que les évolutions restent légères au fil des années et que ce qui est évoqué ici reste valable dans le temps. Et votre banquier reste l'interlocuteur privilégié pour vous renseigner sur les conditions de ces livrets à un instant T.

2.1.4 Éviter la gratification immédiate

Vous devez absolument résister aux achats impulsifs qui certes vous procurent un plaisir immédiat mais vous coutent cher au final et plombent littéralement vos finances.

C'est l'un des principes les plus importants de l'épargne et c'est sans doute celui qui demande le plus d'effort car vous devrez lutter contre vous-même. Il existe cependant un excellent moyen de mettre en pratique ce principe. Il suffit d'attendre trente jours pour décider d'un achat. Bien souvent, au bout d'un mois, vous constaterez que l'envie d'acheter est passée, et vous aurez économisé de l'argent simplement en attendant. Si vous êtes hésitant au sujet d'un achat, le fait d'attendre un certain temps peut vous donner une meilleure perspective sur la question de savoir si cela vaut vraiment la peine d'acheter.

2.1.5 Rembourser les dettes à coût élevé

Le meilleur investissement que la plupart des emprunteurs peuvent faire est de rembourser leurs dettes de consommation dont les taux d'intérêt sont très élevés. Par exemple, dans le cadre d'un prêt à la consommation, si vous empruntez 3000 euros sur 10 ans à un taux de 18.7%, vous devrez payer plus de 6600 euros au final !

Les dettes de consommation importantes sont nocives car elles vous empêchent d'épargner et de vous constituer un patrimoine.

La bonne nouvelle, c'est qu'il y a de l'espoir. En étant organisé, discipliné et patient, tout le monde est en mesure de réduire ses dettes et commencer à prospérer. Nous verrons cela en détail un peu plus loin au chapitre 4, entièrement consacré au crédit, aux dettes et la manière de s'en débarrasser.

2.1.6 Élaborer un plan

Pour commencer, il vous faut un plan !

Ceux qui ont un plan pour leur épargne ont deux fois plus de chances de réussir à épargner. Elaborer un plan vous aidera à atteindre vos objectifs d'épargne et de désendettement dès lors que vous prendrez l'engagement de mettre de l'argent de côté.

Très bien, allez-vous me dire. Mais qu'est-ce qu'un plan au juste ? Concrètement, planifier signifie trois choses : établir un objectif de constitution d'épargne, choisir le montant que vous voulez épargner chaque mois et s'y tenir dans le temps.

Aussi, je vous encourage à commencer par noter votre objectif par écrit. C'est important. Ecrivez par exemple : Moi, (votre prénom), je m'engage à épargner de l'argent, à réduire mes dettes et à bâtir ma richesse au fil du temps. Indiquez également précisément votre objectif, c'est-à-dire la raison pour laquelle vous souhaitez économiser. Par exemple : J'économise pour

Constituer une épargne d'urgence.

Un gros achat, une voiture par exemple.

Les vacances ou un évènement spécial.

La retraite ou un placement à terme.

Rembourser une dette.

Financer les études des enfants.

Préparer mon accession à la propriété.

Démarrer ou faire croître mon entreprise.

Financer des dépenses liées à une invalidité.

La constitution d'une épargne d'urgence doit bien évidement être le premier de vos objectifs. Une fois cet objectif atteint, vous pourrez trouver d'autres raisons d'économiser parmi ceux cités dans la liste ci-dessus.

Ensuite, décidez précisément du montant que vous souhaitez économiser. Ecrivez par exemple : Chaque mois, j'économiserai 125 €.

Au bout de huit mois, j'aurai économisé un total de 1000€ et j'aurai atteint mon objectif d'épargne d'urgence.

Enfin, quand vous serez prêt, prenez l'engagement envers vous-même d'épargner : faites-vous la promesse d'épargner de l'argent, de bâtir de la richesse et de réduire vos dettes.

Par la suite, il vous faudra rester motivé et vous remémorer régulièrement votre objectif afin de garder celui-ci toujours présent à l'esprit.

2.2 Création d'un budget

Savez-vous exactement où va tout votre argent chaque mois ? Savez-vous combien d'argent il vous reste à dépenser ce mois-ci ? Épargnez-vous chaque mois en vue de constituer une épargne d'urgence ? Si vous avez répondu - NON - à l'une de ces questions, il est peut-être temps de mettre de l'ordre dans vos finances.

Pour économiser plus efficacement, la première étape consiste à faire le suivi de vos dépenses, puis établir un budget et enfin le respecter. Nous allons voir ensemble un peu plus en détail ces trois étapes et je proposerai ensuite un système à celles et ceux qui ont particulièrement du mal à contrôler leurs dépenses. Gardez à l'esprit que rien n'est figé, il y a plusieurs façons de faire. A vous de choisir le système qui vous convient le mieux.

2.2.1 Première étape : suivre ce que vous dépensez

Nous utilisons de nombreux et différents modes de paiement pour payer les produits ou services dont nous avons besoin - nous dépensons de l'argent comptant, à crédit, à débit différé et nous réglons même nos factures par prélèvement. Il est important d'avoir un système en place pour saisir toutes ces sommes que vous payez.

Commencez par tenir un registre minutieux de toutes vos dépenses pendant un mois. Vous serez peut-être surpris d'apprendre ce que vous coûtent vos repas au restaurant ou vos achats impulsifs. Une méthode consiste à mettre de côté toutes vos factures et tous vos reçus au cours du mois puis faites le total de tout ce que vous avez dépensé et divisez vos dépenses en grandes catégories : logement, nourriture, services, téléphonie, divertissement, habillement, épargne, et tout le reste.

Puis, asseyez-vous à une table avec un bloc-notes ou du papier, ou bien allumez votre ordinateur et ouvrez un tableur. Peu importe. Commencez par noter votre salaire net mensuel et ajoutez tout revenu supplémentaire que vous recevez chaque mois. Ce sera le montant que vous ne pourrez pas dépasser.

Ensuite, comme nous l'avons vu précédemment, payez-vous en premier en créant une catégorie budgétaire pour votre épargne. Bien évidemment, vous aurez pris soin de déterminer préalablement votre objectif d'épargne comme cela est expliqué au chapitre 1 avec le montant à épargner que vous aurez choisi. Inscrivez ce montant.

Ensuite, dressez la liste de vos dépenses, en commençant par les factures qui restent les mêmes chaque mois, comme le loyer ou le crédit immobilier, la mutuelle santé, l'assurance habitation, l'assurance auto, les services, etc. Si vous effectuez un paiement tous les trois mois, comme des charges trimestrielles de copropriété par exemple, calculez le montant mensuel correspondant.

Voici un exemple de ce à quoi doit ressembler une feuille de gestion de budget. Inscrivez en face de chaque poste le montant annuel dépensé :

- Objectif d'épargne 1 (constitution d'une épargne d'urgence)
- Objectif d'épargne 2 (retraite, études des enfants, voiture, maison, etc…)
- Paiements de dettes (auto, cartes de crédit, cartes de magasin, etc.)
- Loyer ou crédit immobilier
- Pensions alimentaires que vous devez verser
- Impôts (non prélevés sur le salaire)
- Equipements (Téléphone, Box internet, câble, gaz, électricité, etc…)
- Assurances (habitation, voiture, mutuelle santé, etc…)
- Alimentation
- Habillement
- Auto (essence, péages, entretien)
- Transport en commun
- Restauration
- Divertissement (cinéma, CD, DVD, vacances, etc…)
- Santé (médecin, dentiste, ophtalmologue, etc… non couvert par l'assurance)

- Services de garde d'enfants
- Animaux domestiques
- Cadeaux (fêtes, anniversaires, etc…)
- Articles ménagers
- Autres dépenses pour un peu tout et n'importe quoi (un nouveau livre, une manucure ou un café au centre commercial)
- Etc…

TOTAL :

2.2.2 Deuxième étape : établir votre budget

Maintenant, vous savez où va votre argent. Mais est-ce qu'il va là où il devrait aller ?

Créez un budget que vous êtes en mesure de respecter. Examinez les endroits où vous pouvez réduire vos dépenses et inscrivez sur chaque ligne de votre feuille de gestion de budget le montant de dépense maximum que vous ne souhaitez pas dépasser. Ainsi, vous serez en bon chemin pour commencer à rembourser vos dettes à taux d'intérêt élevé et à épargner.

2.2.3 Troisième étape : respecter votre budget

Il est facile d'établir un budget : le plus difficile, c'est de s'y tenir. La clé est de revenir à la première étape et de faire régulièrement le suivi de vos dépenses. Chaque semaine, passez en revue vos dépenses pour vous assurer que vous respectez votre budget. Non seulement cela vous aidera à respecter ce dernier, mais cela vous aidera aussi à identifier et à résoudre rapidement les problèmes.

Une option à considérer, surtout pour les débutants, est le système des enveloppes budgétaires. L'idée de base est de payer le plus souvent possible avec de l'argent liquide et de conserver celui-ci dans des enveloppes distinctes correspondant chacune à différentes catégories budgétaires. C'est une excellente façon de visualiser facilement combien d'argent il vous reste, et certaines personnes trouvent que payer avec une quantité d'argent liquide de moins en moins importante plutôt qu'avec une carte bancaire aide à contrôler ses dépenses.

Pour utiliser le système des enveloppes, voici les étapes à suivre :

Étape 1 : compartimenter votre budget.

Mettez d'un côté les dépenses fixes que vous ne pouvez pas payer en espèces (loyer, assurances, abonnement téléphonique, etc...) et de l'autre toutes les autres dépenses que vous devrez impérativement payer avec de l'argent liquide.

Étape 2 : créer une enveloppe pour chaque catégorie de dépenses.

Étiquetez une enveloppe pour chaque catégorie de dépenses en espèces que vous avez créée à la première étape. Au verso, inscrivez le montant que vous devez dépenser dans la catégorie correspondante pour le mois. Si vous le désirez, vous pourrez ensuite perforer vos enveloppes et les stocker dans un classeur, ou bien les coller dans un cahier ou encore les ranger soigneusement dans une boîte. Il peut être utile d'utiliser des enveloppes colorées pour identifier plus aisément à quelles catégories budgétaires elles se réfèrent. Vous pourrez, bien entendu, réutiliser mois après mois les même enveloppes.

Etape 3 : payer en espèces, et uniquement en espèces !

La seule façon de faire fonctionner ce système de budget est d'utiliser de l'argent liquide, et seulement de l'argent liquide. Si vous allez à l'épicerie, vous ne pouvez utiliser que l'argent de l'enveloppe alimentation. Et quand l'argent n'est plus là, il n'est plus là.

Certaines personnes aiment garder leurs reçus dans l'enveloppe comme un endroit pratique pour les conserver s'ils ont besoin de s'y référer plus tard. Concernant ce point, vous pouvez faire comme bon vous semble.

Étape 4 : faire un suivi de vos dépenses en temps réel.

Chaque fois que vous utilisez votre argent liquide, inscrivez le montant de vos dépenses ainsi que le montant qu'il vous reste à dépenser pour le mois dans la catégorie budgétaire concernée au verso de l'enveloppe ou sur une carte que vous placez dans l'enveloppe. L'avantage de la carte placée à l'intérieur de l'enveloppe est de pouvoir réutiliser les enveloppes au fil des mois. Vous pourrez ainsi faire un suivi parfait de vos dépenses au jour le jour.

Étape 5 : économiser le surplus.

S'il vous reste de l'argent liquide dans une enveloppe à la fin du mois, déposez-le sur votre compte d'épargne.

Ce système d'enveloppe est particulièrement judicieux et a déjà aidé de très nombreuses personnes qui avaient du mal à contrôler leurs dépenses. Il permet un suivi détaillé et en temps réel. Vous savez où va votre argent. C'est une arme redoutable pour toutes celles et ceux qui veulent constituer une épargne. Cela vous aidera à atteindre vos objectifs, à réduire votre dette et à commencer à bâtir votre richesse. Tout commence lorsque vous vous engagez à épargner. Faites le premier pas dès aujourd'hui et prenez l'engagement de le faire et de vous y tenir.

3 74 façons pratiques d'économiser de l'argent

Mettre de l'argent dans un cochon rose poussiéreux qui traîne sur une étagère… Est-ce vraiment la seule façon d'économiser ?

Nous allons aborder à présent des façons pratiques d'épargner. J'attire votre attention sur le fait qu'il ne faut pas que vous vous contentiez de ne retenir que ce seul chapitre. Il est essentiel que vous ayez bien assimilé les mécanismes de l'épargne, le danger de la dette, etc…abordés dans les autres chapitres de ce guide.

Les astuces ou idées qui vont suivre sont classées par thème. Même si elles sont nombreuses, elles n'ont pas un caractère exhaustif. Aussi, je vous invite à réfléchir à d'autres manières d'économiser en fonction de votre situation personnelle et de votre manière de vivre. Car en matière d'épargne, il faut savoir être créatif ! J'espère en tous cas que la liste ci-dessous saura vous aider et stimuler votre imagination pour élaborer vos propres stratégies.

3.1 Conseils généraux

Conseil n°1 : Visez des objectifs d'épargne à court terme. Fixez-vous un objectif comme celui de mettre de côté 20 euros par semaine ou par mois, plutôt qu'un objectif d'épargne à long terme. Les gens épargnent mieux lorsqu'ils gardent à l'esprit leurs objectifs à court terme.

Conseil n°2 : Economisez vos gains et vos crédits d'impôts. D'une manière générale, chaque fois que vous recevez une manne, comme une prime au travail, un héritage, des gains de concours ou un crédit d'impôt, utilisez cet argent pour rembourser vos dettes et économiser au lieu d'acheter quelque chose dont vous n'avez peut-être pas vraiment besoin.

Conseil n°3 : Economisez la monnaie qu'on vous a rendue. En mettant de côté seulement 50 centimes par jour sur un an, vous obtiendrez près de 40 % de la somme à verser dans une épargne d'urgence de 500 euros.

Conseil n°4 : Maîtrisez la règle des 10 secondes.
Au supermarché, chaque fois que vous prenez un article et que vous l'ajoutez à votre caddie ou que vous l'apportez à la caisse, arrêtez-vous pendant 10 secondes et

demandez-vous pourquoi vous l'achetez et si vous en avez réellement besoin ou non. Si vous ne trouvez pas de bonne réponse, remettez l'objet en place. Cela vous empêchera de faire régulièrement des achats impulsifs.

Conseil n°5 : Utilisez la règle des 24 heures.

Cette règle permet d'éviter l'achat impulsif d'articles coûteux ou inutiles. Réfléchissez à chaque achat non essentiel pendant au moins 24 heures. Ceci est particulièrement facile à faire lors de vos achats en ligne, car vous pouvez ajouter des articles à votre panier et y revenir un jour plus tard.

Conseil n°6 : Faites-vous plaisir, mais profitez-en pour économiser. Evaluez le coût de vos « craquages » en matière d'épargne. Ainsi, par exemple, si vous faites des folies en vous offrant une glace ou une part de gâteau pendant que vous faites vos courses, mettez le même montant dans votre compte d'épargne. Pensez-y de cette façon : si vous n'avez pas les moyens d'épargner le même montant, vous n'avez pas non plus les moyens de vous payer cette gâterie.

Conseil n°7 : Calculez les achats en fonction des heures travaillées plutôt qu'en fonction du coût. Prenez le montant de l'article que vous envisagez d'acheter et divisez-le par votre salaire horaire. Si c'est une paire de chaussures à 50 euros et que vous gagnez 10 euros de l'heure, demandez-vous si ces chaussures valent vraiment cinq longues heures de travail.

Conseil n°8 : Se désabonner. Évitez la tentation en vous désabonnant des courriels de marketing des magasins où vous dépensez le plus d'argent. Selon la loi, chaque courriel doit comporter un lien de désabonnement, habituellement au bas du courriel.

Conseil n°9 : Placez un rappel d'économies sur votre carte bancaire. Rappelez-vous de réfléchir à chaque achat en apposant sur votre carte bancaire un message d'épargne, tel que « Ai-je vraiment besoin de cela ? » Écrivez le message sur une étiquette colorée que vous collez sur votre carte.

Conseil n°10 : Arrêtez de collectionner et commencez à vendre
Il fut un temps où les gens pensaient que leurs collections allaient les enrichir. Les

Playmobils étaient à la mode à une certaine époque, tout comme les bandes dessinées. Maintenant, vous pouvez trouver ces articles sur des sites de revente et dans les vides greniers pour une fraction de leur coût initial. De nombreuses personnes qui ont investi des centaines d'euros dans ce qu'elles croyaient être un « placement » se demandent alors ce qu'il s'est passé.

Si vous voulez éviter cette situation, ne collectionnez pas d'articles sans réelle valeur en pensant qu'avec le temps vous allez vous enrichir. Et si vous voulez récupérer une partie de l'argent que vous avez déjà dépensé en objets de collection, vous pouvez commencer à les vendre maintenant et utiliser ces fonds pour un certain nombre d'objectifs d'épargne valables.

Conseil n°11 : Créez un rappel visuel de votre dette.

Pour que votre dette soit facile à comprendre, établissez une barre de progrès géante qui commence par le montant de la dette que vous avez et qui se termine par zéro. Chaque fois que vous payez un peu, remplissez un peu plus cette barre de progression. Gardez ce rappel à un endroit où vous le verrez souvent et remplissez-le régulièrement. Cela peut vous aider à garder un œil sur vos dépenses et vous libérer ainsi plus vite de votre dette.

Conseil n°12 : Passez en revue votre facture de téléphone mobile.

Il existe de nombreuses stratégies pour économiser de l'argent sur votre facture de téléphone cellulaire, entre autres comparer les offres concurrentes et jetez un coup d'œil à votre facture mensuelle pour voir si vous ne payez pas pour des services que vous n'utilisez pas. Si c'est le cas, abandonnez ces services.

Conseil n°13 : N'utilisez que les guichets automatiques de votre banque.

En utiliser un d'une autre institution financière une fois par semaine peut sembler anodin, mais si cela vous coûte 2 euros pour chaque retrait, cela vous coûtera au total plus de 100 euros sur une année.

Conseil n°14 : Voyez si vous êtes éligible à des aides sociales.

De nombreux travailleurs à revenu faible ou modeste sont éligibles, chaque année, à diverses aides sociales. Cependant, le manque d'information et des démarches complexes poussent les plus fragiles à ne pas solliciter les aides existantes. Ainsi, selon un sondage effectué par le cabinet Adjuvance et publié par Le Parisien, les Français sont nombreux à ignorer qu'ils peuvent bénéficier d'une aide versée par les départements ou la caisse d'allocations familiales. Tous dispositifs confondus, 49 % des personnes éligibles à une des aides sociales versées par les conseils départementaux ou les Caisses d'allocations familiales (CAF) en ignorent l'existence. L'ignorance des Français quant à l'existence de ces aides n'est pas due au hasard. Cette opacité est voulue par les institutions, elle permet à l'Etat de faire d'énormes économies. C'est pourquoi les dispositifs sont en général peu visibles, complexes et dissuasifs. Aussi, n'hésitez pas, en fonction de votre situation, à vous renseigner auprès de la CAF et des conseils départementaux pour obtenir de l'aide en personne. On vous indiquera les aides auxquelles vous pourriez avoir droit. Ensuite, remboursez vos dettes et économisez avec au moins la moitié de l'argent que vous recevez de ces aides.

3.2 Conseils pour économiser sur les divertissements

Conseil n°15 : Désabonnez-vous des chaînes télé du câble ou du satellite que vous ne regardez pas.

Beaucoup de gens qui ont de tels abonnements paient souvent pour un forfait premium dont ils n'ont pas vraiment besoin. Combien de film regardez-vous chaque moi par ce biais ? Vous pensez peut-être qu'un tel abonnement vaut le coup car vous pouvez regarder un film quand vous le voulez, mais peut-être que cela vous reviendrait moins cher de louer un DVD simplement quand vous le souhaitez. Bref, débarrassez-vous des chaînes dont vous n'avez pas besoin et remettez cet argent dans votre poche !

Conseil n°16 : Encore mieux, éteignez la télévision.

Une bonne façon d'économiser de l'argent est de réduire considérablement le temps que vous passez devant la télévision. Il y a beaucoup d'avantages financiers à cela : moins d'exposition aux publicités incitant à dépenser, une facture d'électricité moins élevée (et peut-être une facture de câble plus faible si vous réduisez votre abonnement), plus de temps pour vous concentrer sur d'autres choses dans la vie - comme une activité lucrative en plus de votre boulot - et ainsi de suite.

Conseil n°17 : Annulez les abonnements aux magazines.

Vous avez une pile de magazines non lus qui traînent chez vous ? C'est probablement le résultat d'un abonnement à une revue que vous ne lisez pas. Non seulement vous ne devriez pas renouveler l'abonnement à ce magazine, mais vous devriez en plus appeler le service client et essayer d'en obtenir l'annulation immédiate avec un remboursement au prorata. Vous avez tout à gagner à poser la question.

Conseil n°18 : Lisez plus de livres.

La lecture est l'un des passe-temps les moins chers et les plus bénéfiques. La plupart des villes ont une bibliothèque accessible au public et cela gratuitement. Il suffit d'y aller et d'emprunter les livres qui vous intéressent. Ensuite, passez un peu de votre temps libre dans un endroit de votre maison, confortablement installé, à lire.

Vous pourrez apprendre de nouvelles choses, améliorer votre capacité de lecture, ou encore vous divertir, sans dépenser un sou. Lire des livres parce que lire délivre !

Conseil n°19 : Profitez des nouveaux services de votre bibliothèque municipale.

De plus en plus de municipalités offrent aujourd'hui la possibilité d'obtenir des livres électroniques, vous n'avez donc même pas besoin de vous rendre sur place. De nombreuses bibliothèques font également partie d'un système de prêt intra-bibliothèque où vous pouvez emprunter des livres qui ne sont pas forcément disponibles dans votre bibliothèque. Il suffit de demander.

Conseil n°20 : Obtenez des rabais non annoncés sur les billets de spectacle.

Appelez ou envoyez un courriel au théâtre, à la salle de spectacle ou au cinéma le plus près de chez vous pour vous renseigner sur les options de rabais offertes qui ne sont souvent pas bien annoncées. De nombreux lieux offrent des places à prix réduits pour les séniors, les étudiants et les jeunes adultes, ou pour ceux qui viennent à des horaires peu fréquentés. Il existe également des cartes de fidélité permettant de bénéficier de tarifs réduits. Des rabais peuvent parfois être offerts pour les places invendues immédiatement avant un spectacle.

Conseil n°21 : Faites du bénévolat dans des festivals locaux.

Les festivals et événements culturels offrent souvent une entrée gratuite aux bénévoles. Communiquez avec les organisateurs de votre activité préférée pour vous renseigner sur les possibilités de bénévolat et les avantages.

Conseil n°22 : Invitez des amis au lieu de sortir.

Sortir pour manger en ville va rapidement détruire votre budget alimentaire et votre budget de divertissement en un seul coup d'œil. Et dans tous les cas, il est toujours moins cher de diner chez soi. Au lieu d'aller en ville, organisez un dîner chez vous avec vos amis. Jouez aux cartes, asseyez-vous autour d'un feu, jouez de la guitare, chantez, racontez-vous des histoires ou regardez des films avec vos invités. Vous économiserez tous de l'argent et vous vous amuserez bien.

Conseil n°23 : Au restaurant, tenez-vous en à l'eau plate ou contentez-vous d'un seul verre de vin.

C'est la norme dans les restaurants de majorer le prix des bouteilles de vin, et d'alcool en général, par trois voire cinq. De même, on vous proposera souvent de l'eau en bouteille. Donc, une façon facile de réduire vos dépenses au restaurant sans changer vos habitudes de façon trop drastique est de faire l'impasse sur les boissons, alcoolisées et non alcoolisées. Si vous ne concevez pas de vous passer de vin, contentez-vous d'un seul verre, cela vous reviendra bien moins cher que de prendre une bouteille. Votre porte-monnaie et votre foie vous diront merci !

Conseil n°24 : Engagez-vous à manger au restaurant une fois de moins chaque mois.

En prenant cette petite mesure pour réduire votre budget restauration, vous économiserez de l'argent sans sacrifier pour autant votre style de vie.

3.3 Conseils pour épargner en famille et avec les amis

Conseil n°25 : Établir une limite de dépenses familiales pour les cadeaux.

Discutez de l'imposition d'une somme à ne pas dépasser pour les cadeaux au sein de votre famille et/ou d'un système où vous n'achetez qu'un seul cadeau pour une seule personne pendant les Fêtes. Ces limitations ont tendance à réduire les dépenses et sont très appréciées par les membres de la famille qui ont moins de souplesse financière.

Conseil n°26 : Planifiez vos cadeaux bien à l'avance.

Au lieu d'acheter vos cadeaux à la dernière minute et de ne pas prendre le temps de comparer les prix, anticipez vos achats. D'une part, cela vous laissera le temps de choisir les cadeaux les plus attentionnés, et d'autre part, vous disposerez de temps pour les trouver au meilleur prix.

Conseil n°27 : Fabriquez vos propres cadeaux au lieu d'acheter des choses au magasin.

Si vous voulez économiser de l'argent tout en donnant généreusement, créer vos propres cadeaux faits maison est une façon d'atteindre ces deux objectifs. Vous pouvez faire des gâteaux, des biscuits frais, des bougies, du savon, des objets déco et toutes sortes d'autres choses à la maison assez facilement et à peu de frais.

Ce sont des cadeaux touchants pour les autres parce qu'ils impliquent votre touche personnelle - quelque chose que vous ne pouvez pas acheter dans un magasin - et très souvent, ils sont consommables, ce qui signifie qu'ils ne finissent pas par encombrer inutilement le placard d'une personne. Encore mieux : ajoutez une note manuscrite personnelle à votre cadeau.

Conseil n°28 : Commencez à économiser pour les études dès la naissance de votre bébé.

Il n'est jamais trop tôt pour ouvrir un compte épargne-études pour les enfants. Demandez des contributions pour les futures études plutôt que des vêtements ou des jouets pour votre bébé.

Conseil n°29 : N'achetez pas forcément des vêtements bon marché.

Il est parfois judicieux de privilégier la qualité plutôt que le prix lors de l'achat de vêtements pour la famille. Dans une famille, l'achat d'une chemise ou d'un manteau bon marché est généralement une mauvaise affaire pour les adultes s'il s'use en moins d'un an. A l'inverse, cela est souvent judicieux pour les enfants qui grandissent rapidement à moins d'avoir une fratrie pour faire suivre certains beaux vêtements à l'enfant suivant. Aussi, tenez compte du tissu, des coutures, des conditions de lavage, autant d'éléments qui vous renseigneront sur la qualité des vêtements et vous aideront à mieux les sélectionner.

Conseil n°30 : Organiser une rencontre d'échanges de quartier.

Voici comment ça marche : rassemblez vos amis et voisins avec des enfants du même âge. Chacun apporte des vêtements, des livres, des fournitures scolaires, des jouets, etc… et reçoit un billet pour chaque article qu'il apporte. Un billet vous donne droit à un article de la plate-forme d'échanges. Si vous apportez six livres, vous pouvez partir avec six nouveaux livres. Si vous donnez sept vêtements, vous pouvez repartir avec sept nouveaux vêtements. Tous les articles restants sont donnés.

Conseil n°31 : Désigner un jour par semaine comme un « jour sans dépenses » et réservez une soirée par semaine pour vous amuser en famille gratuitement.

Profitez-en pour cuisiner à la maison et planifiez des activités gratuites comme une soirée jeux, regarder un film ou aller au parc.

3.4 Conseils pour économiser sur l'alimentation

3.4.1 Faites des courses malin

Conseil n°32 : Planifiez vos repas et respectez la liste de courses établie à l'avance.

Les gens qui font leurs courses avec une liste et qui n'achètent pas grand-chose d'autres dépensent beaucoup moins d'argent que ceux qui décident quoi acheter lorsqu'ils arrivent au supermarché. Les économies annuelles pourraient facilement se chiffrer en centaines d'euros.

Conseil n°33 : Faites vos courses le ventre plein.

Si vous avez faim lorsque vous faites vos courses, vous serez tenté par tout un tas de produits que vous n'auriez pas achetés si votre estomac n'était pas tiraillé par la faim.

Conseil n°34 : Comparez les prix unitaires, les prix au kilo, les prix au litre.

La plupart des supermarchés indiquent le coût par unité de chaque article, ou le prix au kilo ou au litre. C'est l'élément à prendre en considération pour comparer les prix d'un même produit, mais dans un conditionnement différent.

Conseil n°35 : Souscrivez à tous les programmes de fidélités des magasins.

Peu importe où vous vivez, vous trouverez de nombreux détaillants qui sont prêts à vous récompenser pour vos achats dans leur magasin. Voici le plan de jeu de base pour maximiser le bénéfice de ces programmes : créez une adresse Gmail ou Yahoo juste pour ces mailings, adhérez à tous les programmes que vous pouvez, puis vérifiez ce compte mail pour les coupons de réduction chaque fois que vous êtes prêt à aller faire vos courses.

Vous pouvez ajouter à ces coupons, les cartes de fidélités pour accumuler des points ou des euros de récompense sur vos achats dans un large éventail de magasins ou supermarchés qui peuvent ensuite être échangés contre des remises en argent ou d'autres avantages.

3.4.2 Mangez moins cher et plus sain

Conseil n°36 : Évitez les plats cuisinés et les fast-foods.

Au lieu de manger au fast-food ou de consommer des plats cuisinés de la grande distribution à votre retour à la maison, essayez de manger simple et sain. C'est meilleur pour la santé et cela vous coûtera moins cher.

Conseil n°37 : Faites votre potager.

Le jardinage peut être un passe-temps peu coûteux si vous avez une cour ou un balcon. Il suffit de louer une motobineuse, de labourer une parcelle, de planter des légumes, de la désherber, et vous aurez un passe-temps peu coûteux qui vous permettra de produire des aliments sains pour votre famille.

Vous pouvez par exemple planter des plants de tomates de début mars à fin mai, les entretenir, puis profiter d'une belle récolte de tomates de début juillet à fin septembre. Et pourquoi pas les accompagner d'un peu de ciboulette ou de basilic que vous aurez également pris soin de planter en terre ou dans un pot. Voilà une belle et savoureuse salade de tomate en perspective !

Conseil n°38 : Mangez moins de viande.

La viande est très chère quand on considère sa valeur nutritive, surtout par rapport aux légumes et aux fruits. Et dans presque tous les cas, les aliments de base riches en protéines comme les céréales et les légumineuses offrent une bien meilleure valeur nutritive comparativement à l'argent dépensé. Sans pour autant devenir végétarien, vous pouvez économiser en mangeant de la viande moins souvent.

3.4.3 Préparez à manger intelligemment

Conseil n°39 : Mettez votre repas de midi dans votre sac.

Car oui, cela fonctionne ! Si l'achat d'un repas sur votre lieu de travail coûte 5 euros, mais que la préparation d'un repas à la maison ne coûte que 2,50 euros, alors en un an, vous pourriez vous permettre de constituer une épargne d'urgence de 500 euros tout en ayant un surplus d'argent.

Conseil n°40 : Gagnez du temps et de l'argent en doublant la quantité d'un plat.

La prochaine fois que vous préparerez votre plat familial préféré, doublez la quantité et congelez les restes pour un autre jour. De cette façon, vous pouvez obtenir deux repas en un et utiliser les ingrédients plus efficacement avec moins de déchets.

3.5 Conseils pour économiser sur la santé

Conseil n°41 : Ne lésinez pas sur les soins de santé préventifs.

Les examens dentaires de routine, par exemple, aident à prévenir les carries et la pose de couronnes dentaires, qui restent douloureuses autant pour vous que pour votre porte-monnaie.

Conseil n°42 : Optez pour les médicaments génériques.

Demandez à votre médecin si les médicaments génériques sur ordonnance sont une bonne option pour vous. Les médicaments génériques peuvent vous faire économiser plusieurs centaines d'euros chaque année en comparaison des médicaments d'origine. Et comme les médecins ne connaissent parfois pas les coûts que vous engagez pour un médicament en particulier, vous avez intérêt à poser la question.

Conseil n°43 : Comparez les prix.

La santé est un domaine où l'on a tendance à payer le prix sans trop se poser de question. Après tout, la santé n'a pas de prix se dit-on. A tort ! Ne vous fiez pas uniquement à la pharmacie la plus proche, car le coût des médicaments, des compléments alimentaires, des produit de soin, etc… peut varier considérablement d'une pharmacie à l'autre. Assurez-vous de bien comparer les prix entre plusieurs pharmacies, les supermarchés et les pharmacies sur internet. Vous aurez de quoi être surpris.

Conseil n°44 : Buvez plus d'eau.

Non seulement boire beaucoup d'eau est bénéfique pour la santé, mais aussi sur le plan financier. Buvez un grand verre d'eau avant chaque repas afin de rester rassasié plus longtemps et de manger moins. Non seulement vous économiserez sur la facture de nourriture, mais vous vous sentirez mieux après vous être bien hydraté. N'oubliez pas, l'eau du robinet fait l'objet d'un contrôle sanitaire strict et régulier. Elle n'est pas seulement aussi saine que l'eau en bouteille, elle est aussi gratuite.

Conseil n°45 : Je vous en prie, arrêtez de fumer.

Si vous fumez, vous devez savoir que votre habitude est non seulement coûteuse, mais qu'elle peut être aussi mortelle. Si vous voulez ajouter des années à votre vie et économiser une tonne d'argent, la meilleure chose à faire est d'arrêter complètement de fumer. Essayez certains des nombreux produits antitabac qui existent, ou passez à une cigarette électronique pour commencer. Quelle que soit la voie que vous choisirez, vous ne vous en porterez que mieux.

Conseil n°46 : Évitez les dépenses liées au stress.

Il est facile de justifier de dépenser de l'argent juste pour se détendre après une journée stressante au travail. Cependant, c'est rarement une bonne idée. Au lieu d'acheter des choses dont vous n'avez pas besoin pour vous sentir mieux, il serait sage de trouver d'autres moyens de vous détendre. L'exercice physique est une excellente alternative, tout comme la méditation ou même une bonne sieste à l'ancienne. Lisez, regardez des films ou travaillez dans votre jardin si vous êtes stressé. Dépenser de l'argent ne réduira pas votre stress à long terme.

Conseil n°47 : Coupez-vous vous-même les cheveux.

Ce n'est peut-être pas une idée populaire, mais elle fonctionne si vous avez une coiffure simple ou peu de cheveux sur le crâne pour les hommes ou les cheveux lisses avec une coupe droite pour les femmes.

Pour les hommes, une simple tondeuse et un ciseau désépaississant suffisent. La tondeuse sera remboursée en deux ou trois coupes seulement. Voici comment procéder : sur cheveux légèrement humides, faites la raie d'un côté et coupez le côté correspondant à la tondeuse avec un sabot de 6 millimètres. Faites la même chose pour l'autre côté et l'arrière de la tête. Puis avec un sabot de 18 millimètres coupez-vous les cheveux du dessus comme si vous vous coiffiez d'avant en arrière. Puis faites la même chose avec le sabot de 15 millimètres. Ensuite toujours sur le dessus entaillez les cheveux avec un ciseau désépaississant. Et voilà, le tour est joué !

Pour les femmes, avant le premier coup de ciseau, bien démêler vos cheveux. Ensuite pour obtenir une coupe droite, c'est ultra simple ! Sur cheveux légèrement mouillés, relâchez vos cheveux vers l'arrière. Puis à l'aide d'un élastique, faites une queue de cheval. Puis faites glisser l'élastique jusqu'à la pointe et coupez ce qui dépasse. Utilisez ensuite votre peigne pour délimiter la frange que vous désirez couper. Lissez la mèche devant vos yeux à l'aide de vos doigts. Et coupez là tout droit au-dessus de votre front. Puis procédez au piquetage en coupant les pointes de votre mèche par petits à-coups. Et voilà !

3.6 Conseils pour économiser sur le logement

Conseil n°48 : Comparez les prix de votre assurance habitation.

Chaque année, prenez le temps de comparer les tarifs des compagnies d'assurance concurrentes à celles chez qui vous avez un ou des contrats. La loi consommation - dite loi Hamon – permet à tous les Français de résilier leur assurance habitation, à n'importe quel moment, après un an d'engagement. La concurrence entre les assureurs est féroce, les prix évoluent chaque année et vous devez en tirer parti. Pour cela c'est très simple. A l'aide d'un comparateur d'assurance sur internet par exemple, comparez les prix. Pour changer de couverture, il vous suffira de souscrire un contrat chez un nouvel assureur. Celui-ci prend alors en charge les démarches de résiliation dans un délai d'un mois et veille à la continuité de la couverture de l'assuré entre les deux contrats. Si vous aviez payé votre cotisation à l'année, vous serez remboursé au prorata. Alors foncez, faites ceci dès aujourd'hui.

Conseil n°49 : Faites un refinancement de votre crédit immobilier.

On appelle également cela le rachat de crédit. Vérifiez si vous avez la possibilité de refinancer votre prêt immobilier à un taux d'intérêt moins élevé. Sur un crédit immobilier à taux fixe de 300 000 euros sur 20 ans, abaisser le taux de 2.5 % à 2 % peut vous faire économiser plus de 17 000 euros en frais d'intérêt sur la durée du prêt. Si vous faites le choix de garder une mensualité identique, vous pourrez même réduire la durée du prêt, ce qui vous fera gagner encore plus d'argent.

Conseil n°50 : Vérifier la consommation d'énergie de votre maison.

Faite faire un diagnostic de performance énergétique. Ce contrôle peut révéler des façons peu coûteuses de réduire les coûts de chauffage et/ou de climatisation de plusieurs centaines d'euros chaque année. N'oubliez pas que des économies d'énergie sur une période de seulement trois ans peuvent déjà représenter une somme importante. Et à plus long terme, les économies réalisées seront substantielles. Par ailleurs, vous trouverez sur le site internet d'EDF, un outil pour mieux maitriser votre consommation de gaz et/ou d'électricité.

Conseil n°51 : Protégez votre maison des intempéries.

Calfeutrez les trous et les fissures qui permettent à l'air chaud de s'échapper en hiver et à l'air froid de s'échapper en été. Votre quincaillerie locale a du matériel et peut-être même des conseils utiles pour arrêter à peu de frais les pertes de chaleur ou de climatisation non désirées.

Conseil n°52 : Gardez le soleil à l'extérieur.

Gardez vos stores ou rideaux fermés pendant les chaudes journées d'été. Bloquer la lumière du soleil aide vraiment à garder votre maison plus fraîche.

Conseil n°53 : Utilisez moins d'eau.

Installez des pommes de douche à faible débit et des aérateurs de robinets pour réduire votre consommation d'eau et donc vos dépenses en eau.

Diminuez la contenance du réservoir d'eau de vos toilettes. Savez-vous quelle est la contenance de celui de vos toilettes ? La réponse est neuf litres ! Vous avez donc tout intérêt à en diminuer la contenance. Pour cela, pas la peine d'être un as du bricolage. Il suffit de placer dans votre réservoir une bouteille d'eau remplie pour qu'elle reste bien calée. A chaque remplissage, ce sera donc 1,5 litres d'économisés !

Conseil n°54 : Réduire de moitié l'utilisation de lessive et d'assouplissant.

La lessive vendue aujourd'hui est généralement très concentrée et puissante. Utilisez la plus petite quantité suggérée, voire une quantité inférieure à celle indiquée sur l'emballage et toujours avoir des vêtements propres. Dans de nombreux cas, en utilisant moins de lessive, le lavage est plus efficace parce qu'il n'y a pas de restes de lessive dans vos vêtements. Utiliser deux fois moins d'assouplissant donne également la même douceur pour moitié prix.

Conseil n°55 : Baissez la température de votre chauffe-eau ou réduisez le temps de chauffe de votre cumulus.

Pour chaque réduction de 10 degrés de la température, vous pouvez économiser jusqu'à 5% sur les coûts de chauffage de l'eau.

Avouez qu'avoir une eau extrêmement chaude qui sort de votre robinet ne sert strictement à rien si vous êtes obligé de la refroidir en rajoutant de l'eau froide, non ?

Conseil n°56 : Effectuer l'entretien courant de vos appareils électroménagers.

Vérifiez les évents pour vous assurer qu'il n'y a pas de poussière qui les obstrue et qu'ils sont assez propres, en particulier ceux des réfrigérateurs, du sèche-linge et des appareils de chauffage et de climatisation. Moins vous avez de poussière qui bloque la mécanique de ces appareils, plus ils fonctionnent efficacement (vous économisez sur votre facture d'énergie) et plus ils durent longtemps (vous économisez sur les coûts de remplacement).

Conseil n°57 : Essayez de réparer les choses vous-même.

Il y a des années, il était beaucoup plus difficile de trouver des moyens de réparer les articles de tous les jours que nous avons dans nos maisons. Mais aujourd'hui, tout est beaucoup plus simple. Vous pouvez trouver des tutoriels en ligne et des vidéos qui vous montrent comment réparer presque tout, et tout cela gratuitement. Peu importe ce que vous essayez de réparer, ça vaut toujours le coup d'essayer ! Et apprendre une nouvelle compétence ne fait jamais de mal.

3.7 Conseils pour économiser sur le transport

Conseil n°58 : Comparez les prix pour votre assurance auto ou moto.

Comme dans le cas de l'assurance habitation évoqué plus haut, la concurrence est littéralement acharnée entre les assureurs pour les contrats d'assurance auto et moto. Profitez-en pour comparer les prix régulièrement, au moins une fois par an et tirez parti de la loi Hamon pour changer d'assureur en toute sérénité.

Conseil n°59 : Investissez dans l'entretien de votre voiture.

Maintenir le moteur de votre voiture réglé et les pneus gonflés à la pression appropriée permet d'économiser de l'argent à long terme. Un pneu sous-gonflé aura une plus grande résistance au roulement. Non seulement il va s'user plus vite, mais il va aussi se déformer, chauffer et donc s'abîmer. Il demandera aussi plus d'énergie au moteur, ce qui fera grimper votre consommation de carburant. Ces deux simples gestes d'entretien peuvent vous faire économiser jusqu'à 100 euros d'essence par année.

Conseil n°60 : Nettoyez ou remplacez le filtre à air de votre voiture.

Un filtre à air propre peut faire baisser votre consommation d'essence jusqu'à 7%, ce qui vous permet d'économiser plus de 100 euros tous les 15 000 kilomètres parcourus avec un véhicule moyen. Le nettoyage de votre filtre à air est facile à faire en quelques minutes seulement.

Conseil n°61 : Evitez les excès de vitesse, ainsi que les fortes accélérations.

Vous éviterez ainsi de surconsommer et peut-être aussi de vous faire flasher par un radar. Bref, contentez-vous de respecter les limitations de vitesse et gardez l'essence dans votre réservoir plutôt que de la brûler inutilement. Il y a de belles économies à la clé.

Conseil n°62 : Lorsque vous achetez une voiture, ne regardez que les modèles d'occasion.

Il est difficile de contester le fait que les voitures neuves ne sont pas des investissements rentables. Non seulement leur valeur diminue au moment où vous quittez la concession, mais leur valeur continue de baisser chaque année qui passe.

Si vous voulez économiser autant que possible sur le transport, ne regardez que les voitures d'occasion en relativement bon état. Si vous vous concentrez sur des voitures qui n'ont que quelques années d'âge, vous ne prendrez pas un gros risque quant à avoir une panne. Vous pourriez même en trouver une encore sous garantie. La durée légale minimale de garantie d'un véhicule neuf est en effet de deux ans. Cependant certains constructeurs vont plus loin. Dacia garantit ses véhicules trois ans ou 100 000 km, les marques Japonaises garantissent quant à elles leurs véhicules entre trois et cinq ans et ce sont les constructeurs Coréens qui se montrent les plus généreux, Hyundai, par exemple, garantit ses véhicules cinq ans sans limitation de kilométrage et Kia, sept ans ou 150 000 km. Nous verrons tout cela en détail au chapitre 5 consacré intégralement à l'achat d'une voiture.

Conseil n°63 : Pensez au covoiturage.

Si vous habitez près d'un collègue de travail, vous pourriez envisager de covoiturer. Ou peut-être que votre conjoint travaille à proximité ? Si c'est le cas, demandez-vous s'il ne serait pas judicieux de ne prendre qu'une seule voiture. Vous pourriez ainsi économiser de l'argent et réduire l'usure de vos deux véhicules.

Conseil n°64 : Préparez des sandwiches pour les voyages en voiture.

Avant d'entamer un long voyage, prenez le temps de préparer des collations et des sandwiches que vous pourrez facilement manger sur la route. Ainsi, au lieu de vous arrêter au milieu du voyage, de chercher un restaurant ou un snack pour manger, d'y passer beaucoup de temps et de payer une facture salée, vous pourrez à l'orée d'une forêt, vous arrêter dans un beau parc et vous étirer un peu. Il est bien connu que les aliments tout prêts coûtent cher, il vaut donc mieux les éviter dans la mesure du possible.

Conseil n°65 : Consultez plusieurs sites internet pour connaître les tarifs aériens les plus bas.

Ne comptez pas sur un seul comparateur de prix de compagnies aériennes pour vous présenter les meilleures offres du marché. Certaines compagnies low-cost n'autorisent en effet pas que leurs vols soient inscrits dans ces comparateurs tiers, vous devez donc consulter leurs sites internet individuellement.

3.8 Quelques conseils chiffrés

Découvrez comment de petits montants épargnés chaque mois peuvent représenter d'importantes économies annuelles.

Si vous voulez commencer à épargner, voici quelques façons simples de bâtir votre patrimoine au jour le jour.

Conseil n°66 : Economiser 50 centimes par jour en pièces de monnaie.
Economie mensuelle : 15 euros.
Economie annuelle : 180 euros.

Conseil n°67 : Réduire la consommation de sodas ou autres boissons d'un litre par semaine.
Economie mensuelle : 6 euros.
Economie annuelle : 72 euros.

Conseil n°68 : Au travail, boire un café de moins par jour.
Economie mensuelle : 20 euros.
Economie annuelle : 240 euros.

Conseil n°69 : Apporter votre repas de midi au travail (économie estimée à 3 euros par repas).

Economie mensuelle : 60 euros.

Economie annuelle : 720 euros.

Manger au restaurant une fois de moins par mois (conseil n°24 déjà vu)

Economie mensuelle : 15 euros.

Economie annuelle : 180 euros.

Emprunter plutôt qu'acheter un livre par mois (conseil n°19 déjà vu).

Economie mensuelle : 15 euros.

Economie annuelle : 180 euros.

Conseil n°70 : Comparer les prix avant de faire le plein d'essence de la voiture (économie estimée de 0.06 euros par litre).

Economie mensuelle : 4 euros.

Economie annuelle : 48 euros.

Conseil n°71 : Surveiller le solde de votre compte chèque pour éviter le découvert et les agios.

Ce sujet mérite d'ailleurs quelques précisions. Les agios désignent un ensemble de frais facturés par la banque au client lors d'un découvert. Ils se composent d'intérêts et d'une commission d'intervention. Les taux d'intérêt pratiqués par les banques sont totalement abusifs. En moyenne, 9% d'intérêts sont facturés au client dans le cas d'un découvert autorisé et le double, c'est-à-dire 18% dans le cas d'un découvert non autorisé. La commission d'intervention est quant à elle d'environ 8 euros par incident en moyenne. Pour le calcul, on suppose un découvert sur un compte chèque de seulement 40 euros pendant uniquement 2 jours.

Economie mensuelle : 9 euros.

Economie annuelle : 108 euros.

Conseil n°72 : Ne pas faire de chèque sans provision.

Ceci est un conseil qui tombe sous le sens mais je préfère vous le dire : ne faites jamais un chèque sans provision ! La commission d'intervention dans ce cas peut aller jusqu'à 30 euros pour un chèque d'un montant inférieur à 50 euros et jusqu'à 50 euros pour un chèque d'un montant supérieur à 50 euros.

Pour le calcul, on supposera un chèque sans provision en moins.

Economie mensuelle : 20 euros.

Economie annuelle : 240 euros.

Conseil n°73 : Payer vos échéances de crédit à la consommation sans aucun retard.

Des intérêts de retard doivent en effet être versés par l'emprunteur au prêteur en cas de non-paiement des échéances à la date prévue dans le contrat de crédit signé par les deux parties. Pour un crédit à la consommation, les intérêts de retard sont plafonnés à 8 % de la somme du capital restant dû.

Economie mensuelle : 25 euros.

Economie annuelle : 300 euros.

Conseil n°74 : Faites un remboursement de 1 000 euros sur un crédit à la consommation.

En décidant d'effectuer un remboursement anticipé de tout ou partie d'un crédit à la consommation, vous réduirez par là-même la somme d'intérêts à verser à l'organisme et diminuerez ainsi le coût total de votre crédit.

Economie mensuelle : 15 euros.

Economie annuelle : 180 euros.

On arrive ainsi avec ces astuces à une économie totale de 204 euros par mois soit 2 448 euros annuels. A vous de trouver les meilleures façons qui vous correspondent pour économiser. Peut-être même arriverez-vous à faire mieux. Je n'en doute pas.

Voici quelques idées supplémentaires sur la façon de gagner de l'argent pour économiser :

- Faites des petits travaux (bricolage divers) pour votre famille, vos voisins ou vos amis. Il existe à ce sujet de nombreux site internet, comme allovoisins par exemple, vous permettant d'arrondir vos fins de mois en rendant service à vos voisins.
- Démarrez un service de promenades de chiens ou de tonte de pelouse.
- Louez votre remorque. Au lieu de laisser votre remorque dormir au fond du jardin, faites en profiter des déménageurs potentiels en la louant.
- Louez votre matériel de bricolage : perceuse, ponceuse, bétonnière, etc…
- Garde d'enfant. C'est un classique mais il y a toujours beaucoup de demande.
- Proposez un service de lavage de voitures.
- Réparez des vélos. Tout le monde n'a pas des talents de mécanicien vélo. Si

vous en avez, vous pouvez les monnayer !
- Distribuez des prospectus. Un grand classique qui fonctionne encore très bien aujourd'hui.
- Travaillez à temps partiel
- Etc...

Une fois que vous avez gagné de l'argent, n'oubliez pas de mettre de côté quelques euros chaque semaine et de les mettre sur un compte d'épargne ou dans une tirelire à la maison. Au fur et à mesure que les semaines passent, regardez votre épargne fructifier ! Assurez-vous de vous en tenir à votre plan d'épargne et de ne dépenser vos économies que pour les choses qui vous sont réellement utiles.

4 Crédit et dettes

Un crédit a un coût. Et en matière de crédit à la consommation ou pire des cartes de crédit, celui-ci est particulièrement élevé. Comprenez bien que lorsque vous souscrivez un crédit, vous allez enrichir votre banquier ou l'organisme prêteur et dans le même temps, vous appauvrir.

Veillez à rembourser vos mensualités de crédit à la consommation en entier chaque mois, ceci à fin d'éviter d'avoir à payer des intérêts de retard.

En ce qui concerne les cartes de crédit, sachez que les bonus ou remises accordées n'ont de la valeur que si vous n'êtes pas endetté ou ne payez pas d'intérêts.

Enfin, comme nous en avons déjà parlé au chapitre 1, il existe de bonnes et de mauvaises dettes. Les seules bonnes dettes sont les crédits immobiliers car elles permettent d'acheter des actifs immobiliers. Et sans les crédits immobiliers, il faut avouer que la majorité des gens ne pourraient pas acheter étant donné le montant très élevé d'une maison ou d'un appartement. Toutes les autres dettes servant à acheter des produits et services tels que les crédits à la consommation, les crédits auto, les cartes de crédits des grandes enseignes, etc… sont des mauvaises dettes. Gardez bien cela à l'esprit.

4.1 Qu'est-ce que la dette et quel est son impact ?

La dette est quelque chose, généralement de l'argent, qui est dû ou exigible. Emprunter plus d'argent que vous ne pouvez vous le permettre est coûteux à bien des égards. En réalisant des achats à crédit, vous payez tout plus cher car, au prix d'achat du produit, se rajoutent les intérêts à payer à la banque ou à l'organisme prêteur. Et on voit ici poindre le cercle vicieux par lequel des gens aux revenus modestes contractent des crédits à la consommation et donc dépensent plus que le prix affiché. Ce cercle a pour conséquence d'affaiblir encore plus leur situation financière déjà fragile.

Etre trop endetté fait évoluer défavorablement votre profil de risque vis-à-vis de la banque, c'est-à-dire que vous finirez par payer des taux d'intérêt plus élevés sur tous vos prêts à la consommation et prêts immobiliers.

Trop de dettes n'est pas seulement coûteux. Les gens qui ont beaucoup de dettes disent souvent qu'ils n'ont pas l'esprit tranquille. Ils s'inquiètent constamment du remboursement de leurs dettes et d'arriver à joindre les deux bouts. Le stress lié à ces soucis affecte leur vie familiale, leur rendement au travail et d'autres aspects de leur vie.

La seule façon de réduire l'endettement est de parvenir à rembourser et c'est ce que nous allons voir sans plus tarder.

4.2 Comment se désendetter ?

Au risque de me répéter, vous devez absolument vous débarrasser de vos dettes car elles vous empêchent d'épargner et de vous constituer un patrimoine.

La bonne nouvelle, c'est que c'est possible. Avec de la planification, de la discipline, de la patience et peut-être de l'aide extérieure, presque n'importe qui peut réduire ses dettes et commencer à accumuler de la richesse.

Voyons à présent ce que vous devez faire pour vous désendetter.

4.2.1 Arrêter d'emprunter

La première étape pour se désendetter est de cesser d'emprunter. Pour ce faire, vous devez cesser de dépenser plus que ce que vous gagnez.

4.2.2 Établir un budget

Dans un second temps, faites un budget et réduisez vos dépenses autant que possible. Tout comme un bon marin pris dans la tempête avec son voilier, il faut savoir réduire la voilure si l'on ne veut pas courir à la catastrophe. Je vous invite pour cela à voir ou à revoir le chapitre 2.2 entièrement consacré au budget.

Il peut également être utile de découper vos cartes de crédit en morceaux afin de ne plus jamais les utiliser ou de les enfermer dans un endroit sans plus y toucher.

4.2.3 Élaborer un plan de remboursement

Pendant que vous faîtes un budget, déterminez la somme maximale que vous pouvez rembourser chaque mois pour réduire vos dettes, puis effectuez ces paiements sans faute. Il vous faut rembourser le plus vite possible pour diminuer les intérêts versés !

Si vous avez des dettes sur plus d'une carte de crédit, remboursez d'abord la carte dont le taux d'intérêt est le plus élevé, puis descendez jusqu'à la carte dont le taux est le plus bas, ou remboursez d'abord le plus petit prêt et montez jusqu'au plus grand. Pour réduire votre endettement encore plus rapidement, l'idéal est de rembourser plus que le minimum requis chaque mois.

4.2.4 Ne pas recommencer à trop dépenser

Une fois que vous avez remboursé vos dettes, ne cédez pas à la tentation de recommencer à dépenser davantage. Prenez plutôt l'argent que vous remboursiez chaque mois sur vos dettes et commencez à l'épargner. Cela vous donnera un coussin financier la prochaine fois qu'une situation d'urgence surviendra.

4.2.5 Êtes-vous en difficulté ?

Pouvez-vous seulement vous permettre d'effectuer des remboursements minimums sur vos cartes de crédit ?

Vous souciez-vous de trouver l'argent nécessaire pour effectuer le remboursement mensuel de votre crédit auto ?

Empruntez-vous de l'argent pour rembourser de vieilles dettes ?

Si vous avez répondu " oui " à l'une ou l'autre des questions ci-dessus, vous devez impérativement mieux contrôler vos dettes sinon vous risquez de perdre pied. Il y a urgence !

4.2.6 Obtenir de l'aide

Nous allons parler à présent d'un point un peu particulier. Vous n'êtes sans doute pas concerné. Du moins, je l'espère. Cependant j'ai tout de même fait le choix d'aborder ce sujet plutôt que de le passer sous silence car il pourrait éventuellement être utile à un lecteur dans une totale détresse financière.

Si vous rencontrez des difficultés insurmontables telles que vous n'arrivez plus à rembourser vos mensualités de crédit, ni même vos charges courantes (loyer, énergie, eau,…), vous pouvez envisager de trouver une solution par le biais de la procédure de surendettement des particuliers.

La procédure est totalement gratuite et ouverte aux personnes physiques de bonne foi. Pour cela, vous pouvez vous adresser à la commission de surendettement des particuliers par l'intermédiaire de la Banque de France de votre département. Il vous faudra alors constituer un dossier de surendettement et y joindre des justificatifs pour qu'une commission étudie votre situation. La commission examinera d'abord votre dossier pour déterminer si vous êtes ou non en situation de surendettement et si vous pouvez bénéficier de la procédure. L'étude de votre dossier par la commission peut durer plusieurs mois.

J'attire votre attention sur un point essentiel : constituer un tel dossier n'est pas sans conséquence. Votre autonomie et votre liberté vont être considérablement restreintes. Votre quotidien ne sera plus le même. En effet, le simple dépôt d'un dossier de surendettement entraîne automatiquement un fichage au FICP (Fichier des Incidents de Crédits aux Particuliers), lequel est systématiquement consulté par les banques lorsqu'elles sont sollicitées pour une ouverture de compte ou une demande de crédit.

Par ailleurs, si votre dossier est accepté, vous ne serez pas pour autant débarrassé de vos dettes. Un plan de redressement avec un rééchelonnement des dettes vous sera proposé. Si vous ne pouvez pas payer, c'est votre patrimoine qui sera saisi (bien immobilier, etc..). Autrement dit, la commission mettra tout en œuvre pour que vous remboursiez tout ou partie de vos dettes, au maximum de vos possibilités. Il ne s'agit donc nullement d'un simple effacement des dettes d'un coup d'éponge…

Il faut faire en sorte de ne jamais se retrouver dans une telle situation, qui est tout de même extrême. J'ose espérer que cela n'est point votre cas. Et je peux vous assurer que si vous suivez tous les conseils présents dans ce livre, cela ne peut pas vous arriver !

4.3 Importance des antécédents en matière de crédit

Un bon profil bancaire joue un rôle important dans votre vie financière. Il est essentiel non seulement pour des choses évidentes comme l'éligibilité à un prêt ou l'obtention d'une carte de crédit, mais aussi pour des choses moins évidentes comme obtenir un service de téléphonie cellulaire, louer une voiture et peut-être même trouver un emploi.

4.3.1 Pourquoi l'épargne est-elle si importante vis-à-vis du risque crédit ?

Il est important pour tous les Français d'avoir des économies. Comme nous l'avons déjà vu, avoir un compte d'épargne vous permet d'avoir de quoi payer en cas de situation urgente et procure une certaine liberté financière. Mais cela contribue aussi à vous donner un meilleur profil de risque vis à vis de la banque (« vous avez la côte avec le banquier »). Un bon profil bancaire peut faciliter la location d'un appartement, l'obtention de services et même l'obtention d'un emploi. Et il devient essentiel lorsque vous souhaiterez acheter un bien immobilier, que ce soit une maison ou un appartement, car cela vous garantira de bonnes conditions d'emprunt immobilier.

Au contraire, ne pas être en mesure de rembourser vos crédits quels qu'ils soient ou payer vos factures en retard parce que vous aviez une dépense urgente et que vous n'aviez pas d'épargne pour y faire face, peut gravement affecter votre profil bancaire.

4.3.2 Pourquoi une bonne gestion du crédit est-elle si importante ?

Une bonne gestion de votre crédit vous aidera également à épargner pour les mauvais jours. De bons antécédents en matière de crédit, qui se traduisent par un bon profil de risque bancaire, vous permettront d'être admissible à des taux d'intérêt et à des frais moins élevés. Ainsi, cela vous permettra de mettre de l'argent supplémentaire de côté pour les situations urgentes, la retraite et d'autres dépenses imprévues moins importantes. La diminution de l'endettement et l'augmentation de l'épargne réduisent le stress et conduisent à une plus grande liberté financière.

La bonne nouvelle, c'est qu'il est moins difficile que vous ne le pensez d'avoir un bon profil bancaire. Il vous suffit de suivre les cinq principes fondamentaux qui vont suivre. Ainsi, vous établirez et conserverez un historique de crédit qui vous permettra d'obtenir le crédit dont vous avez besoin, lorsque vous en aurez besoin.

4.3.3   Cinq conseils pour obtenir un bon profil bancaire

Restez solvable.

Veillez à démontrer que vous savez gérer vos finances en évitant absolument de vous retrouver à découvert à la fin du mois. Vous gagnerez en crédibilité et votre dossier bancaire et de crédit n'en sera que meilleur.

Toujours payer comme convenu.

Remboursez au moins le montant minimal dû chaque mois et ne soyez jamais en retard. Les remboursements en souffrance et ceux qui n'atteignent pas au moins le montant contractuel minimum auront l'impact négatif le plus immédiat sur votre dossier de crédit et votre profil bancaire.

Gardez votre taux d'endettement à un bas niveau.

Maintenir votre taux d'endettement à un bas niveau par rapport à vos limites de crédit disponibles est un signe d'une bonne gestion du crédit et montre aux prêteurs que vous représentez un bon risque de crédit. Votre taux d'endettement est un élément clé de votre profil de risque bancaire.

Faites une demande de crédit judicieuse.

Ne faites pas de demandes pour plusieurs crédits dans un court laps de temps. Le fait de s'endetter en très peu de temps est un très mauvais signe de risque crédit. Faites-le au moment où vous en avez besoin, et seulement pour le montant dont vous avez besoin. Ce n'est pas parce qu'un crédit est offert que vous devez l'accepter.

Faites preuve d'une bonne conduite sur une longue période de temps.

Afin d'avoir « la cote avec la banque ou les organismes de crédit », vous devez démontrer que vous avez de bonnes habitudes de gestion de votre crédit sur une longue période de temps.

4.3.4 Qu'est-ce-que le regroupement de prêts ?

Un regroupement de prêt permet directement à un emprunteur de combiner plusieurs prêts en un seul prêt. Le résultat est un paiement mensuel unique au lieu de paiements multiples et cela peut être financièrement avantageux. Demandez une simulation à votre banque ou à un courtier en crédit pour savoir si c'est une bonne option pour vous.

4.3.5 Qu'est-ce-que le rachat de prêt ?

Si vous avez un prêt en cours, que vous avez souscrit il y a quelque temps déjà, en général une à plusieurs années, il peut être judicieux d'effectuer un rachat de prêt. En effet, les taux d'emprunt sont une variable qui fluctue au fil du temps. Il y a des périodes où les taux sont élevés, d'autres où ils sont bas. Bien évidemment, cela a un impact direct sur le coût total du prêt que l'on vous accorde. Dans l'hypothèse où vous auriez souscrit un prêt et que par la suite les taux d'emprunt aient baissé, en effectuant un rachat de prêt, c'est-à-dire en souscrivant un nouveau prêt au taux actuel plus avantageux et en soldant simultanément votre prêt actuel vous pourriez gagner un peu d'argent. Vous pourriez même, dans le cas d'un prêt immobilier, en gagner beaucoup. Vous avez donc tout intérêt à faire une demande de simulation à votre banque. En général, il est communément établi qu'un rachat de prêt est judicieux dès lors que le différentiel de taux entre le taux auquel vous avez emprunté et le taux actuel est d'au moins 1%.

4.4 Quelques astuces

Commencez par réduire significativement votre dette sur votre carte de crédit.

Réduisez d'un coup votre endettement en faisant un gros remboursement. Trouvez un moyen, peu importe lequel. Faites des heures supplémentaires, vendez des affaires que vous n'utilisez plus, que sais-je encore ? A titre d'exemple, une réduction de dette de 1 000 euros vous permettra probablement d'économiser de 150 à 200 euros par année en frais d'intérêt, et beaucoup plus si vous payez des pénalités de 20 à 30 %.

Congelez votre carte de crédit, littéralement.

Si vous éprouvez des difficultés à contrôler l'utilisation de votre carte de crédit, mais que vous ne voulez pas la découper en morceaux comme suggéré un peu plus haut, au cas où vous en auriez besoin à un moment donné, congelez votre carte de crédit dans un sac rempli d'eau. Si vous devez décongeler votre carte, vous devrez vraiment considérer l'achat avant de le faire.

5 Préparer l'achat d'une voiture

5.1 Faut-il acheter une voiture ?

Avant d'acheter une voiture, en particulier un deuxième véhicule, demandez-vous, en fonction de votre situation personnelle, s'il ne serait pas plus logique d'opter pour un autre mode de transport. Il existe en effet des solutions de rechange. Le transport alternatif a parfois plus de sens qu'on ne le croit. Dans les villes, en particulier, de nombreuses possibilités s'offrent à vous, telles que le vélo, le scooter, les transports en commun, les taxis Uber ou autres, le covoiturage, la location simple de voiture, ou la location avec option d'achat. Le plus important est d'estimer le coût d'une voiture et le coût de toute alternative. Alors, posez-vous la question suivante : la commodité d'être propriétaire d'une voiture en vaut-elle le prix ?

En ce qui concerne la location avec option d'achat, je souhaite attirer votre attention sur le danger potentiel de celle-ci. C'est une alternative à la propriété. Et l'une des raisons pour lesquelles de plus en plus d'automobilistes choisissent cette solution plutôt que le simple achat classique est que les paiements mensuels de location sont souvent inférieurs aux paiements mensuels dans le cas d'un achat à crédit. Cependant n'oubliez pas qu'à la fin de la période de location, vous ne serez pas propriétaire de la voiture ! Et l'acheter à la fin de cette période peut vous coûter plus cher au final que le simple achat au départ. Soyez donc très vigilant !

5.2 Quelle voiture acheter ?

En décidant d'acheter une voiture neuve ou d'occasion, assurez-vous d'estimer la différence de coût en prenant l'ensemble des dépenses en compte.

Le budget consacré à la voiture est très variable. Les dépenses annuelles des ménages pour le transport automobile varient de quelques centaines d'euros à des dizaines de milliers d'euros. Le coût exact, pour vous, dépendra de facteurs tels que le type de voiture, son âge, son kilométrage, son état, la façon dont vous la financez, l'assurez et l'entretenez, le nombre de voitures que vous possédez et la distance que vous parcourez chaque année.

Quel modèle de voiture ?
D'abord, pensez aux types de modèles qui répondent à vos besoins de transport et qui

sont abordables. Recherchez ensuite sur Internet et dans des magazines automobiles objectifs des informations sur les caractéristiques, les performances, la fiabilité et les coûts des modèles qui vous intéressent. Enfin, n'oubliez pas que l'on ne choisit pas uniquement une voiture sur le papier mais en faisant un essai. N'hésitez donc pas à tester l'un ou l'autre de ces modèles. En ce qui concerne la fiabilité de tel ou tel modèle, une simple astuce peut vous aider à faire votre choix : sur internet tapez le modèle de la voiture qui vous intéresse puis le mot « problème » ou « panne ». Si un problème est récurrent sur un modèle particulier de voiture, vous tomberez alors sur une multitude de propriétaires exprimant leurs déboires sur les forums automobiles et vous en tirerez de précieux enseignements !

Voyons à présent s'il vaut mieux acheter neuf ou d'occasion.

5.3 Faut-il acheter une voiture neuve ou d'occasion

En décidant d'acheter une voiture neuve ou d'occasion, assurez-vous d'estimer la différence entre les coûts totaux, non seulement le prix d'achat, mais aussi la dépréciation, le kilométrage, les primes d'assurance, les frais financiers et les coûts probables d'entretien et de réparation. Rappelez-vous que les voitures neuves sont presque toujours plus fiables et offrent des garanties supérieures aux voitures d'occasion, mais qu'elles perdent en moyenne 30% de leur valeur lors de la première année après être sorties de la concession ! Aussi, si vous êtes tenté par l'achat d'une voiture neuve car cela vous rassure quant à la fiabilité, je ne saurais trop vous conseiller d'opter plutôt pour une occasion récente ayant au minimum un an. Vous la payerez ainsi 30% moins cher que le prix neuf et cela ne changera rien quant au risque éventuel de panne. Les années suivantes, comptez une dépréciation d'environ 15% par an.

Les véhicules neufs.

Chez les concessionnaires automobiles, le prix des voitures et leurs options sont presque toujours négociables. En fait, la plupart des acheteurs ne paient pas le prix affiché souvent suggéré par le constructeur. Vous devez donc négocier !

Négociez le prix avec plusieurs concessionnaires. Il est plus facile de négocier en faisant jouer la concurrence, vous obtiendrez probablement un meilleur prix. Si une concession ne veut pas rentrer dans une négociation, allez-en voir une autre !

Si vous hésitez à négocier, vous devriez comprendre tout l'intérêt que vous avez à le faire. Compte tenu du prix élevé d'un véhicule neuf, songez à ce que représente chaque pourcent négocié sur le véhicule que vous convoitez comparativement à votre salaire. Par exemple, si vous tentez de négocier l'achat d'un véhicule à 20 000€, chaque pourcent négocié vous fera gagner 200€. Etant donné qu'une négociation ne prend que quelques minutes, demandez-vous quand est-ce-que vous avez gagné 200€ pour la dernière fois en quelques minutes… Cela vous donnera un peu de courage. Et après tout, dites-vous que la négociation n'est qu'un jeu alors… laissez-vous prendre au jeu !

Les véhicules d'occasion.

L'achat d'une voiture d'occasion peut être risqué dans la mesure où vous ne pouvez souvent pas être certain de l'état de la voiture.

Gardez à l'esprit qu'il y a peu de garanties efficaces pour les voitures d'occasion. La plupart des voitures sont vendues « telles quelles ». Cependant un contrôle technique sans défaut majeur devrait vous rassurer quant à l'état du véhicule. Sachez par ailleurs que si vous avez acheté une voiture à un professionnel de la vente de véhicules d'occasion, vous pourrez toujours vous retourner contre lui en cas de problème, ce qui n'est pas le cas si vous avez acheté à un particulier sauf à prouver qu'il y avait un vice caché dont l'ancien propriétaire avait connaissance et dont il ne vous a volontairement pas parlé.

Essayez de trouver un mécanicien qui pourrait vous aider à vérifier la voiture avant de l'acheter et voir si le vendeur accepterait que la vente soit conclue à condition que l'inspection de la voiture ne révèle rien de particulier.

Envisagez d'acheter auprès de membres de votre famille ou d'amis qui sont plus susceptibles de vous dire ce qu'ils savent de l'état de la voiture et de ne pas vous facturer trop cher.

Pour acheter une voiture d'occasion, consultez la cote de l'Argus et la cote de La Centrale. Ce sont les deux cotes qui font référence. Vous constaterez alors que celle de l'Argus affiche presque toujours des prix plus bas que celle de La Centrale. On pourrait dire que la cote de l'Argus est plutôt pessimiste et celle de La Centrale plutôt optimiste. Il vous faudra donc faire une moyenne entre les deux pour avoir une idée du prix réel de marché. Par ailleurs, n'hésitez pas à parcourir les sites d'annonces auto sur internet pour comparer les prix, tels que leboncoin.fr, lacentrale.fr, largus.fr, autoscout24.fr, et gardez à l'esprit que les prix sont presque toujours négociables.

Voyons à présent deux techniques de négociations particulièrement efficaces.

La première technique est une technique de manipulation mentale. Lorsqu'une négociation commence entre les deux parties, l'acheteur propose en général un prix plus bas obligeant le vendeur à réviser son prix légèrement à la baisse en faisant une contre-proposition. L'acheteur et le vendeur vont alors tour à tour faire des propositions de prix, en remontant petit à petit le prix pour l'acheteur et en descendant petit à petit le prix pour le vendeur, le but étant de trouver un compromis satisfaisant pour les deux parties. Souvent, cela se termine en « coupant la poire en deux », chacun faisant un pas égal vers l'autre de manière à s'accorder sur un prix médian. Voici donc la première technique de négociation : l'astuce pour obtenir un prix médian plus bas est d'obtenir de la part du vendeur un nouveau prix de départ. Je m'explique. Le prix de départ est par définition le prix affiché dans l'annonce du vendeur. Vous pourriez, en tant qu'acheteur faire une proposition à un prix inférieur et le prix médian final sur lequel vous vous accorderiez serait sans doute à mi-chemin entre le prix de départ demandé par le vendeur et votre proposition initiale. Aussi, ce que vous devez faire c'est de ne surtout pas être le premier à proposer un nouveau prix, vous devez demander au vendeur s'il peut faire un effort sur le prix et obtenir de sa part un nouveau prix un peu inférieur. Ainsi vous obtenez un nouveau prix de départ sur lequel vous allez baser votre négociation en oubliant le prix initial affiché sur l'annonce. Par la suite vous faites comme prévu votre proposition en dessous et le prix médian au final sera plus bas, et donc plus en votre faveur, que celui que vous auriez obtenu en faisant une proposition le premier !

La deuxième technique est à la fois simple et redoutablement efficace car elle frappe le vendeur dans sa psychologie. Demandez simplement à un ami de se faire passer pour un acheteur potentiel du véhicule que vous convoitez en lui demandant de faire une proposition très en deçà du prix affiché. Le vendeur refusera évidement la proposition de votre ami mais sera du coup beaucoup plus enclin à accepter la vôtre !

5.4 Faut-il acheter comptant ou à crédit ?

Une voiture prend-t-elle de la valeur avec le temps ? Sauf à acheter un modèle de collection particulièrement rare, la réponse est NON. Par conséquent, la recommandation est de ne surtout pas acheter une voiture à crédit ! Si vous faites cela, vous allez la payer plus cher que ce qu'elle vaut. Et sa valeur va diminuer au fil du temps. Donc c'est un très mauvais calcul.

Dans l'idéal, il vous faut donc économiser et attendre d'avoir le montant requis pour faire votre achat.

Si vous êtes pressé, il est conseillé de revoir à la baisse vos ambitions quant à la marque et au modèle désiré.

Par ailleurs, notez que la voiture est un achat à la fois utile et « plaisir ». Et c'est le côté « plaisir » qui va vous faire craquer pour un modèle donné mais ne soyez pas dupe : le plaisir ne dure qu'un temps ! Passé un mois, la sensation de plaisir aura disparu, vous monterez dans votre voiture par habitude comme dans n'importe quelle autre. En revanche, si vous l'avez achetée à crédit, votre banquier saura se rappeler à votre bon souvenir tous les mois. Bref, vous aurez un vrai boulet au pied.

Si par hasard, vous possédez à l'heure actuelle une voiture achetée à crédit, le meilleur conseil que je puisse vous donner est de la vendre, de rembourser le capital restant dû, et de racheter une voiture d'occasion avec le capital restant à votre disposition. Et ne tardez pas, votre voiture perd de la valeur chaque jour qui passe !

A présent, et bien que je ne le conseille pas, nous allons tout de même traiter du cas de l'achat à crédit. Cela vous permettra de disposer de quelques armes pour limiter la casse au maximum.

5.5 Comment trouver le prêt-auto le moins cher

Au risque de me répéter, l'idéal est d'acheter un véhicule comptant sans avoir recours au crédit. Cela implique donc d'économiser en amont avec cet objectif en tête. Cependant dans l'hypothèse où vous n'auriez pas d'autre solution que de contracter un prêt, renseignez-vous préalablement sur le montant à emprunter, l'endroit où obtenir un prêt et les taux.

Cherchez un prêt avant d'acheter une voiture !

Décidez du montant à emprunter et du nombre de versements mensuels. N'oubliez pas qu'en général, plus votre mise de fonds est élevée (et plus le montant emprunté est faible), plus votre taux d'emprunt sera bas. N'oubliez pas non plus que plus la durée du prêt est courte, moins vous paierez d'intérêts.

Le financement du concessionnaire n'est pas la seule option. Appelez votre banque auparavant. Les banques vous offriront en général des taux d'intérêt plus bas et des conditions de prêt plus favorables que le bureau de financement de la concession. Prenez le temps de chercher en comparant les taux d'intérêt des prêts auprès d'autres institutions financières et en ligne sur meilleurtaux.com.

Si tous les prêteurs vous proposent un taux supérieur au taux standard, vous devez comprendre que vous êtes considéré comme une personne à risque de crédit supérieur à la moyenne. Si votre dossier de crédit ne comporte pas d'erreur, vous devriez envisager de reporter l'achat de votre voiture jusqu'à ce que vous ayez réussi à améliorer votre profil bancaire. Vous devez par exemple montrer à votre banque que vous savez gérer votre budget en n'étant jamais à découvert en fin de mois et mieux, en étant capable d'épargner chaque mois.

Si vous voulez toujours que le concessionnaire finance votre voiture, négociez.

La concession peut vous proposer un taux supérieur au taux reflétant votre risque de crédit. Si ce taux est supérieur à celui de votre banque, il est probablement majoré. Demandez alors à la concession de justifier cette majoration. Si elle n'est pas justifiée, songez à utiliser une autre source pour financer l'achat de votre voiture. Enfin rappelez-vous que l'article L312-23 du Code de la consommation autorise l'acheteur d'un véhicule à annuler sa commande lorsqu'il finance son achat par un crédit affecté et qu'il renonce à son crédit dans un délai de 14 jours.

Epargnez préalablement pour augmenter votre mise de fonds.

Plus votre mise de fonds est élevée, plus votre dette, le taux d'intérêt et les intérêts dus sont bas. C'est une manière de minimiser les effets nocifs du crédit.

6 Préparer un achat immobilier

Comme nous l'avons vu au chapitre 1, l'accession à la propriété est une bonne chose car cela permet de vous constituer un patrimoine qui prendra de la valeur avec le temps.

L'achat d'une résidence principale vous permet de vous mettre à l'abri, concrètement d'avoir « un toit sur la tête » et vous permet également de ne plus dépendre d'un bailleur qui peut vous mettre à la porte s'il souhaite vendre ou récupérer son bien. Vous assurez donc votre sécurité. C'est essentiel.

Un achat immobilier, vu le niveau de prix, se finance la plupart du temps à crédit. Et comme nous l'avons vu précédemment, le crédit immobilier est une bonne dette car elle vous permet d'acquérir un actif qui prendra de la valeur. Bref tout le contraire d'un crédit pour une télévision ou une voiture dont la valeur ne cesse de décroitre au fil des ans.

6.1 Comment épargner en vue d'un apport initial plus élevé

Plus votre apport est élevé, plus votre remboursement de prêt est faible. La façon la plus efficace d'économiser un apport plus important est de mettre de côté une partie de votre salaire mensuel. Aussi, demandez à votre banque de virer régulièrement un certain montant de votre compte chèque à votre compte d'épargne.

6.2 Stratégie d'accession à la propriété

Comment vous préparer financièrement à l'achat d'une maison ou d'un appartement ?

Presque tout le monde peut devenir propriétaire d'une maison si on est bien préparé.

Commencez par élaborer un plan d'épargne pour accumuler de l'argent en vue de constituer un apport à l'achat, pour les frais de déménagement et pour les dépenses urgentes après l'achat, comme les réparations éventuellement nécessaires. N'oubliez pas que plus votre apport est élevé, plus le montant de votre prêt est faible. En même temps, réduisez vos dettes de carte de crédit et autres dettes afin d'augmenter votre capacité d'emprunt en vue d'acheter une maison. En diminuant ces dettes, vous améliorerez votre profil bancaire et vos chances d'obtenir un prêt à faible taux d'intérêt. Par ailleurs, sachez que sous condition de ressources vous êtes peut être éligible à un prêt à taux zéro (PTZ). Pour y avoir droit, il ne faut pas avoir été propriétaire de son domicile durant les 2 années précédant le prêt. Il existe toutefois des cas particuliers. Le plafond de ressources à respecter et le montant du PTZ accordé dépendent de la zone où se situe le futur logement.

Puis, assurez-vous que vous êtes en mesure d'obtenir un prêt immobilier avant même de chercher une maison ou un appartement. Cela vous donnera une idée de ce que vous pouvez vous permettre d'acheter, et, si vous le pouvez, à quel prix. Assurez-vous de communiquer avec au moins trois prêteurs, dont votre banque principale. Cela vous aidera à vous assurer d'obtenir le prêt le moins cher auquel vous pouvez être admissible. Soyez particulièrement sceptique face aux offres de prêt non sollicitées que vous recevez par la poste, par téléphone ou en ligne. Dans le cas d'une recherche d'une maison ou d'un appartement, la plupart des acheteurs trouvent utile de travailler avec un agent immobilier. Envisagez de faire appel à un agent qui ne travaillera que pour vous en tant que représentant de l'acheteur. On pourrait penser de prime abord qu'il vaut mieux traiter en direct de particulier à particulier car cela permet d'économiser, et c'est tout le sujet de ce guide, les frais d'agence mais contrairement à ce que l'on pourrait croire, cela n'est pas toujours le cas. En effet, les particuliers qui mettent en vente seuls leur bien n'ont souvent pas idée du prix réel de marché, et auront tendance à fixer un prix élevé car leur maison a beaucoup de valeur, ils y ont vu grandir leurs enfants, ils y ont des souvenirs et le prix demandé est le reflet de leur émotion. Le professionnel qu'est l'agent immobilier aura quant à lui le souhait de conclure la vente au plus vite afin de toucher sa commission et aura donc tout intérêt à fixer un prix en accord avec le marché et tentera de négocier avec le vendeur pour qu'il baisse son prix de façon à vendre au plus vite.

Remboursez les mensualités de prêt immobilier à temps !

Si vous remboursez votre prêt immobilier en temps et en heure chaque mois, vous vous constituerez un patrimoine et vous éviterez des pénalités coûteuses. Si vous ne payez pas les mensualités de votre crédit immobilier, vous pourriez perdre votre maison en raison d'une saisie. Pour vous aider à vous assurer que vous pourrez toujours payer vos mensualités à temps, conservez toujours une épargne d'urgence, dans laquelle vous pourrez puiser au besoin. Il devrait y avoir suffisamment d'argent dans cette épargne d'urgence pour payer les dépenses d'entretien et de réparation de votre bien immobilier ainsi que les dépenses urgentes. Et une fois de plus ce que vous ne voyez pas, ne vous manquera pas. Donc là aussi l'épargne prend tout son sens.

Si vous éprouvez de la difficulté à effectuer des remboursements, demandez de l'aide. N'attendez pas de rater le paiement d'une mensualité de prêt avant de le faire. Demandez de l'aide dès que vous savez que vous pourriez avoir du mal à effectuer votre paiement à temps. Communiquez avec votre banquier, en gardant à l'esprit que tous les banquiers honnêtes souhaitent que vous réussissiez en tant que propriétaire. Votre banquier appréciera votre appel et devrait travailler avec vous pour résoudre tout problème.

7 Epargner pour la retraite

La retraite représente souvent quelque chose de nébuleux appartenant, selon votre âge, à un horizon plus ou moins lointain. C'est quelque chose de difficilement palpable pour deux principales raisons : d'une part, la retraite est éloignée du temps présent et d'autre part, d'ici que vous atteigniez l'âge de la retraite les règles relatives aux régimes de retraite auront sans doute changé.

Comme nous l'évoquions au chapitre 1, il y a beaucoup d'incertitude quant au financement de la retraite par l'Etat et les caisses de retraites complémentaires. Cependant, une chose est sûre, vous ne pourrez sans doute pas compter sur votre seule retraite pour vivre confortablement comme vous le désirez et il est donc indispensable de vous constituer une épargne retraite qui viendra mettre « un peu de beurre dans les épinards » le moment venu. Pour cela, vous devez épargner et placer votre argent. En effet, il n'est pas judicieux pour un horizon aussi lointain de laisser votre épargne retraite sur un simple compte épargne car celui-ci est trop peu rémunérateur. Sachez que le patrimoine s'accumule en épargnant et en accumulant constamment de l'intérêt composé, pendant de nombreuses années. L'intérêt composé est ce qu'Albert Einstein appelait la huitième merveille du monde. Le principe de l'intérêt composé consiste à prendre en compte comme base du calcul, non seulement le capital initial mais également les montants d'intérêt qui seront générés au fur et à mesure de la durée d'un placement. Il s'agit donc, tout simplement, de l'effet boule de neige ! Un placement produit un intérêt qui à son tour produira un intérêt : l'intérêt de l'intérêt en quelque sorte.

Épargner maintenant en vue de la retraite vous assurera d'avoir suffisamment d'argent pour mener une vie confortable lorsque vous cesserez de travailler ou que vous réduirez votre nombre d'heures travaillées. Et le plus tôt vous commencez, le mieux cela sera, idéalement dès votre premier emploi lorsque vous êtes encore jeune et que le temps est en votre faveur. Mais épargner en vue de la retraite est important à tout âge, et il n'est jamais trop tard pour commencer.

Dans la mesure où vous n'allez pas utiliser votre épargne-retraite dans l'immédiat, vous pouvez vous permettre de la placer dans des enveloppes d'investissement à long terme. A ce titre, nous pouvons distinguer trois enveloppes majeures : le PEE, le PERP et l'Assurance-vie. Nous allons nous attacher à présent à les définir et à voir ce que l'on peut en faire. C'est un peu indigeste mais il faut en passer par là ! Libre à vous par la suite d'établir la stratégie qui vous semblera la meilleure en fonction de votre situation personnelle.

PEE, PERP, Assurance-vie : kezako ?

Vous pourriez être en mesure d'épargner en vue de la retraite grâce au plan d'épargne entreprise (PEE). Le PEE est un système collectif d'épargne qui permet aux salariés (et aux dirigeants dans les petites entreprises) d'acquérir des valeurs mobilières (des actions, des obligations) avec l'aide de l'entreprise. Les versements du salarié peuvent être complétés par des contributions de l'entreprise. Les sommes sont indisponibles pendant au moins cinq ans, sauf cas de déblocages exceptionnels. Ces comptes offrent de nombreux avantages, notamment au niveau de la fiscalité, le principal étant bien sûr les versements effectués par l'entreprise - on parle d'abondement – l'abondement est une contribution de l'entreprise à travers des versements sur le PEE d'un salarié. Malheureusement, toutes les entreprises ne proposent pas de PEE. En effet, l'épargne salariale ne bénéficie à l'heure actuelle qu'à seulement onze millions de français.

Si votre employeur n'offre pas de PEE, vous pouvez quand même épargner en vue de la retraite en déposant de l'argent dans un plan d'épargne retraite populaire (PERP). Le concept est simple : vous cotisez pendant votre période d'activité pour percevoir, lors de votre retraite, une rente destinée à vous procurer des revenus complémentaires jusqu'à la fin de vos jours. En contrepartie de cet effort d'épargne, les cotisations versées sont déductibles de votre revenu imposable. Cependant, vous ne pouvez pas choisir de récupérer votre capital en fin de parcours (sauf si vous achetez votre première résidence principale à l'occasion de votre cessation d'activité) car la sortie se fait obligatoirement en rente. Vous ne pouvez pas rompre votre contrat en cours, sauf quelques cas très restreints. Au moment de la retraite, la rente issue de votre "vie de fourmi" est imposée en tant que revenu. Une formule somme toute très contraignante sauf à y voir un moyen de payer moins d'impôts tant que l'on travaille et que l'on est fortement imposé. Bref, le PERP est plutôt à retenir dans une optique de défiscalisation que comme un réel placement, surtout privé de la souplesse de l'Assurance vie dont nous allons parler sans plus tarder.

Enfin, troisième solution, l'Assurance-vie précisément. Elle est accessible à tous et reste le placement préféré des Français grâce à ses avantages fiscaux et successoraux. Le choix de support de placement y est plus vaste. Vous y trouverez les fonds en euros garantis qui se veulent rassurant car sans risque et des centaines de fonds communs de placement de différents gestionnaires pour investir sur les actions, les obligations ou des SCPI (Société Civile de Placement en Immobilier) investies comment leur nom l'indique dans l'immobilier.

Comprenez par ailleurs que chaque solution offre son lot d'avantages et d'inconvénients. Comme nous l'avons vu, le PERP offre peu d'intérêt sauf si vous êtes fortement imposé. Et si on devait comparer le PEE à l'Assurance-vie, le PEE gagne le match en ce qui concerne la fiscalité plus avantageuse, les frais qui sont moindres et l'abondement. En revanche, concernant la disponibilité des fonds l'Assurance-vie offre plus de souplesse. Vous pouvez en effet retirer les fonds à tout moment alors qu'ils sont bloqués cinq ans sur un PEE. Le choix de support de placement est plus vaste pour l'Assurance-vie. Et pour préparer sa succession, l'Assurance-vie permet de désigner le bénéficiaire que l'on souhaite contrairement au PEE qui rentre dans l'actif successoral au même titre que la résidence principale, les comptes bancaires, les livrets et l'immobilier.

En conclusion : panachez, les deux systèmes, PEE et Assurance-vie qui sont très complémentaires. L'Assurance-vie en priorité pour les fonds euros garantis et optimiser ses abattements successoraux et l'épargne salariale avec le PEE en priorité pour faire fructifier des fonds boursiers avec des frais réduits, une fiscalité avantageuse et l'abondement de l'entreprise qui vous emploie.

Maintenant que les présentations sont faites avec le PEE, le PERP et l'Assurance-vie, voyons comment procéder dans la pratique.

7.1 Epargnez pour votre retraite grâce à votre employeur

Renseignez-vous pour savoir si votre employeur offre un plan d'épargne en entreprise (PEE). Si vous n'y avez pas encore souscrit, faites-le immédiatement !

Si vous commencez à peine votre carrière, ne faites pas l'erreur de penser que vous aurez tout le temps nécessaire plus tard pour financer votre retraite. Commencer tôt est l'une des meilleures choses que vous puissiez faire pour vous assurer de mettre suffisamment de fonds de côté pour financer une retraite confortable.

Prenons l'exemple suivant : un employé qui commence à mettre de côté seulement 100 € par mois à l'âge de 21 ans aura économisé plus de 186 000 € lorsqu'il prendra sa retraite à 65 ans, en supposant qu'il gagne 5 % par an sur ses placements. Par contre, un travailleur qui attend d'avoir 40 ans pour commencer devrait épargner près de 320 € par mois pour obtenir le même résultat.

Ne laissez pas la perspective d'avoir à décider comment investir votre argent en vue de préparer votre retraite vous effrayer. Il est plus important de commencer que de choisir les placements parfaits.

De plus, il existe aujourd'hui de nombreux fonds communs de placement disponibles au sein du PEE. Les fonds communs de placement ou FCP sont des fonds d'investissement collectif qui permettent de gérer des placements financiers en actions, obligations, immobilier, etc… Les styles de placement proposés dans les FCP au sein des PEE sont conçus en fonction de l'âge et de la date prévue de départ à la retraite des souscripteurs. Ces fonds savent aussi s'adapter à l'aversion au risque des souscripteurs en proposant différents profils. En général ces profils sont au nombre de trois : prudent, équilibré et dynamique.

Le profil prudent reflète un manque d'expérience, une volonté et une capacité à prendre des risques plutôt faibles. Il peut être aussi indiqué auprès de personnes d'un certain âge. Ce profil proposera peu de volatilité – l'ampleur de variation d'un placement - pour un rendement relativement faible.

Le profil équilibré permet de diversifier vos placements, c'est à dire de répartir votre épargne sur des supports d'investissements différents et variés (actions, obligations, immobilier, en France, en Europe, dans le monde, etc…). Ce profil proposera un peu de volatilité sur tout ou partie du placement. Le rendement sera ainsi un peu plus élevé que dans le cadre d'un profil prudent.

Le profil dynamique, quant à lui, est fait pour les épargnants prêts à prendre des risques pour bénéficier d'un rendement plus important. La volatilité sera alors plus importante. En cas de baisse des supports d'investissements, la vente de l'un d'eux ou de l'ensemble par le gestionnaire du FCP entraînerait une perte financière.

Le placement dans un fonds commun de placement à profil est une option simple que vous pouvez utiliser si vous ne vous sentez pas à la hauteur pour mettre en place et arbitrer vous-même votre portefeuille.

7.2 Profitez de toute contribution de la part de votre entreprise !

Vous devriez profiter de l'abondement que nous évoquions un peu plus haut car c'est une véritable aubaine.

De nombreux employeurs offrent de faire des versements sur un PEE équivalentes à ceux de l'employé et cela peut aller jusqu'à trois fois le montant que vous avez vous-même versé - maximum autorisé par la loi. Si votre entreprise fait des versements sur votre PEE et que vous pouvez vous permettre de profiter d'un versement équivalent au montant que vous épargnez vous-même, faites-le. La vie n'offre pas beaucoup d'occasions d'obtenir un rendement garanti de 100% sur votre investissement ! Prenons un exemple : vous versez par exemple 300 euros sur votre PEE, votre entreprise fait de même et vous avez donc déjà gagné instantanément 300 euros, soit 100% de votre versement.

7.3 Si vous êtes fortement fiscalisé, envisagez l'ouverture d'un PERP

Si vous payez beaucoup d'impôt, vous pourriez envisager l'ouverture d'un PERP. En effet, les versements effectués sur un PERP sont déductibles du revenu imposable du souscripteur dans la limite d"un plafond fixé par la loi et qui évolue chaque année en fonction du plafond annuel de la sécurité sociale (PASS). Cela vous permettra donc de faire des économies d'impôt à chaque fois que vous effectuerez un versement. Cependant vous devriez réfléchir à l'Assurance-vie comme alternative ou comme complément en fonction de votre situation personnelle et de votre souhait quant à votre succession.

7.4 Ouvrez une assurance-vie

Que votre entreprise vous propose ou non un PEE, vous pouvez ouvrir une Assurance-vie. C'est tout à fait complémentaire.

Vous retrouverez des fonds à profil (prudent, équilibré, dynamique) comme dans le PEE, ainsi que des centaines d'autres fonds, les SCPI, appelés également pierre-papier pour investir dans l'immobilier sans avoir à gérer un bien immobilier en direct et les fonds en euros sans risque.

Prenez garde toutefois aux frais pratiqués par l'assureur : frais d'entrée, frais de sortie et frais de gestion. Et comme nous l'avons déjà vu au chapitre 1.6 sur l'épargne-placement, privilégiez les contrats commercialisés sur internet. Vous éviterez ainsi que votre rendement ne soit rogné par les frais exorbitants pratiqués par les banques traditionnelles.

7.5 Augmentez graduellement vos versements

Rappelez-vous que lorsque vous commencez, aucun versement n'est trop petit. Même si vous ne mettez de côté qu'un pour cent de votre salaire dans un PEE, un PERP, ou une Assurance-vie, c'est un début important. Mais à long terme, vous aurez certainement besoin d'en faire plus. Idéalement, il est conseillé d'épargner 10% de son salaire.

Une façon de constituer votre épargne est d'augmenter la part de votre salaire que vous épargnez chaque année d'un pour cent. Si vous pouvez faire coïncider l'augmentation de vos versements avec une augmentation de salaire annuelle, vous ne remarquerez probablement même pas le changement.

7.6 Ne criez pas victoire trop vite

Tenez bon !

En plus de commencer tôt, il est essentiel de s'y tenir pour réussir à épargner en vue de la retraite. L'une des erreurs commise par beaucoup de gens est d'encaisser les sommes placées sur leur PEE lorsqu'ils changent d'emploi. Les recherches montrent qu'il faut généralement 13 ans ou plus de versements à une épargne-retraite avant de commencer à atteindre un niveau d'épargne suffisant pour financer un certain nombre d'années de retraite en complément des caisses de retraite. Veillez donc plutôt à transférer votre PEE vers votre nouvel employeur si vous changez d'emploi. Si celui-ci ne propose pas de PEE, alors gardez votre ancien PEE en sachant toutefois que vous ne pourrez plus y faire de nouveaux versements. Par ailleurs, ne sous-estimez pas le montant dont vous avez besoin pour prendre votre retraite. Reprenons l'exemple précédent. La plupart des experts considèrent que les 186 000 € épargnés grâce en 44 années de cotisations mensuelles régulières de 100 € ne seront pas suffisants pour prendre une retraite confortable.

Gardez à l'esprit que l'épargne lente et régulière est toujours gagnante. Même de modestes versements mensuels pendant trente à quarante ans peuvent, en partie à cause du miracle des intérêts composés, mener facilement à une accumulation de plusieurs centaines de milliers de d'euros.

7.7 Comment commencer à planifier votre retraite si vous ne l'avez pas déjà fait ?

Il n'est jamais trop tôt ni trop tard pour commencer à planifier sa retraite. En fait, plus tôt vous commencerez à planifier, mieux ce sera pour vous. Voici des conseils de planification de la retraite en fonction de votre tranche d'âge :

7.7.1 Vous avez moins de 40 ans

Si vous avez moins de 40 ans, vous avez encore du temps avant de prendre votre retraite. Cependant, vous devez commencer tôt et économiser autant que possible.

Pensez au style de vie que vous aimeriez avoir après avoir cessé de travailler ou après avoir réduit votre nombre d'heures de travail. Vous vous imaginez posséder une belle maison en bord de mer ? Si c'est le cas, vous devrez vous préparer financièrement. Le patrimoine s'accumule grâce à l'épargne et à l'intérêt composé, c'est-à-dire l'intérêt accumulé sur vos intérêts pendant de nombreuses années. Épargner en vue de la retraite dans la vingtaine, la trentaine et la quarantaine vous aidera à vous assurer d'avoir suffisamment d'argent pour vivre confortablement plus tard dans la vie.

Ouvrez un PEE si votre entreprise en propose un et profitez des contributions de celle-ci si elles sont offertes. Tirer pleinement parti de ce plan d'épargne grâce à votre employeur est un excellent moyen d'accroître votre épargne.

Si votre entreprise ne propose pas de PEE, ouvrez un PERP si vous êtes fortement fiscalisé ou une Assurance-vie avec une sortie en rente ou en capital.

7.7.2 Vous avez entre 40 et 50 ans.

Si vous n'avez pas commencé à épargner en vue de la retraite dès votre plus jeune âge, ce n'est pas grave, il n'est pas encore trop tard pour commencer.

Vous pouvez ouvrir un PEE si votre entreprise en propose. Il vous suffit d'aviser le service des ressources humaines ou le service de paie, et ils vous donneront les renseignements dont vous avez besoin pour commencer. Vous pouvez le faire à tout moment. A défaut, ouvrez un PERP et/ou une Assurance vie. Et investissez dans des fonds communs de placement largement diversifiés. Vous pouvez opter pour un fonds commun de placement à profil si vous souhaitez vous épargner des soucis de gestion.

7.7.3 Vous avez plus de 50 ans.

Il n'est pas trop tard !

Si vous commencez votre épargne-retraite plus tard dans la vie, vous avez du retard à rattraper, mais il n'est pas trop tard et vous pouvez encore épargner pour une belle vie à la retraite. Profitez des années de travail qu'il vous reste et maximisez vos versements.

Essayez de faire des heures supplémentaires pour gagner plus d'argent ou envisagez d'occuper un emploi à temps partiel qui n'est pas trop pénible. Plus vous gagnez d'argent, plus vous pouvez mettre de côté pour la retraite.

Si vous approchez de l'âge prévu de la retraite et que votre épargne est inférieure à ce dont vous avez besoin, continuez à travailler si votre santé vous le permet. Après tout, il vaut mieux continuer à travailler que de manquer d'argent à la retraite. De plus, chaque année supplémentaire travaillée est une année supplémentaire d'épargne et une année de moins à vivre de votre épargne - un double bonus !

La planification de la retraite peut sembler confuse, mais une fois que vous aurez commencé, vous verrez que ce n'est pas si compliqué. Fixez-vous un objectif, établissez un plan et économisez de manière automatique. Un patrimoine se bâtit avec le temps. L'important est de se lancer car tout commence lorsque vous passez à l'action. Et c'est justement ce dont nous allons parler à présent.

8 Le passage à l'action : à présent, c'est à vous !

Ce que nous avons vu dans ce guide peut vous paraître simple. Mais ne vous y trompez pas. Ce qui semble simple en apparence est souvent plus compliqué que l'on ne pense ! Car toute la difficulté ne réside pas dans la compréhension des choses mais dans leur mise en œuvre. C'est là que tout se complique.

Le défi qui vous attend est avant tout psychologique. Soyez-en conscient. Comprenez bien que votre réussite passe avant tout par votre personnalité. C'est d'elle dont dépendent autant vos succès que vos échecs.

En matière d'épargne, vous êtes votre pire ennemi. Il est tellement plus simple de céder aux doux appels des sirènes de la gratification immédiate, du plaisir instantané que tel ou tel achat va vous procurer plutôt que de demeurer dans le strict respect d'une stratégie et de la discipline nécessaire qui va avec. Et c'est là tout l'enjeu. Aussi, vous devez être vigilant car cette dualité, vous savez, ces deux petites voix qui se parlent dans votre tête, le petit ange et le démon, peuvent vous faire commettre des erreurs.

Pour mettre toutes les chances de votre côté et parvenir à épargner de façon durable, il est nécessaire de respecter trois étapes :

Premièrement, il faut y croire. Croire que cela est possible. Personne ne commence un voyage s'il ne pense pas pouvoir atteindre sa destination. Christophe Colomb, parti avec ses hommes d'Andalousie y croyait plus que tout. Vous devez donc y croire vous aussi, être intimement persuadé que cela est possible au plus profond de vous-même.

Il faut également arrêter de penser que cela n'est accessible qu'aux autres parce que leur situation est différente ou qu'ils ont plus de chance. Il faut comprendre que cela est possible pour soi qu'elle que soit sa situation.

Certaines personnes ont du mal à saisir cela, c'est simplement dû au fait qu'elles n'ont pas encore eu leur déclic. Le déclic, c'est l'élément, propre à chacun, qui va faire que vous allez vous rendre compte que c'est possible. Par exemple si vous arrivez à constituer une épargne d'urgence, si vous arrivez à réduire un poste de dépense, alors que cela vous semblait impossible auparavant, vous allez avoir votre déclic. Vous allez prendre conscience que vous êtes capable d'épargner et cela vous ouvrira instantanément d'autres horizons d'épargne que ne soupçonnez pas encore.

Deuxièmement, il faut comprendre ce que l'on fait et pourquoi on le fait. Ce guide est justement là pour vous aider à comprendre les mécanismes de l'épargne et vous guider sur le meilleur chemin en vous donnant une stratégie. Vous allez ensuite mettre les choses en pratique. Le fait de savoir pourquoi vous le faites fera toute la différence.

Troisièmement, il faut vous engager à épargner. Vous devez vous faire la promesse, prendre un engagement envers vous-même que vous allez épargner. C'est cela qui va matérialiser votre passage à l'action. Et c'est là que tout va commencer. Car seule l'action produit des résultats.

Cet ouvrage vous apporte tout ce dont vous avez besoin.

Je vous donne des solutions mais rien ne me prouve que vous allez forcément les mettre en application. La personnalité résiste en effet au changement, c'est un trait du caractère humain. Même avec la plus grande des volontés, il est souvent difficile d'aller à son encontre. Cependant, il le faut, si vous voulez que votre vie change enfin. Je ne suis pas dans votre tête, ce travail je ne peux le faire à votre place. Vous êtes seul maître en la matière. Comme le disait Marcel Proust, « on ne reçoit pas la sagesse, il faut la découvrir soi-même, avec un trajet que personne ne peut faire pour nous, ne peut nous épargner. »

Il ne faut en aucun cas que vous refermiez ce livre en vous disant que vous avez compris ce qu'il faut faire et que pour autant vous continuiez à agir comme vous le faisiez auparavant car, croyez-moi, c'est ce qui vous guette. La solution est en vous et la réussite se trouve dans le changement, pas dans la persistance d'un comportement inadapté. Sachez que votre personnalité peut être votre pire ennemi mais aussi votre plus fervent allié. Vous devez donc vous maîtriser, l'utiliser à bon escient et ne pas la laisser vous imposer les « craquages » qui vous font si envie.

Enfin, soyez réaliste et donnez-vous un peu de temps. Ne soyez pas impatient et stressé. Ne cherchez pas à vous mettre une quelconque pression et à précipiter les choses. Au contraire, soyez détendu, mettez en place les stratégies proposées et le succès en découlera naturellement.

Vous êtes prêt ? Fermez les yeux, inspirez profondément et refermez ce livre. Et parce que vous en avez envie et parce que vous l'avez décidé, dès demain vous allez changer vos mauvaises habitudes et commencer à épargner pour une vie meilleure.

Tous mes encouragements vous accompagnent.

Le mot de la fin

*« L'esprit s'enrichit de
ce qu'il reçoit, le cœur de ce
qu'il donne. »*

Victor Hugo

J'espère sincèrement que ce guide vous aura apporté autant de plaisir à le lire que j'en ai eu à l'écrire. N'hésitez pas à partager tout ce que vous avez appris avec vos proches, ou tout simplement à l'offrir. Je n'ai aucun doute que, si vous appliquez ce qui y est enseigné, vous parviendrez à épargner beaucoup et durablement.

J'aurais également plaisir à vous lire en retour. Si ce guide vous a plu, je vous invite à vous rendre sur le site Amazon afin de laisser un commentaire. Cela ne vous prendra qu'une petite minute.

Et je garde mon meilleur conseil pour la fin : commencez petit, voyez grand et surtout ne renoncez jamais. A votre succès !

Autres livres de
« La série des comment »

Comment vaincre sa peur de l'avion ?

Comment arrêter le sucre ?
Vaincre son addiction au sucre et perdre du
poids facilement en 6 semaines